折りたいモチーフを選べる

行事のおりがみいっぱい

ひらがな折り図ダウンロード

朝日 勇・津留見裕子／著

Gakken

この本は、「ピコロ」「はじめておりがみ」「はじめておりがみ 増補改訂版」「いっしょにおりがみ」「いっしょにおりがみ 増補改訂版」に掲載された記事を基に、加筆・再構成したものです。

もくじ

この本の使い方・・・・・・・・・・・・・・・・・・・4
おりかたの きごうと やくそく・・・・5

6 誕生会

ふつう	ケーキ①	・・・・・・・・・・・・・ 6
ちゃれんじ	ケーキ②	・・・・・・・・・・・・・ 7
ちゃれんじ	ひよこ	・・・・・・・・・・・・・・・ 8

10 こどもの日

やさしい	こいのぼり①	・・・・・・・・ 10
やさしい	こいのぼり②	・・・・・・・・ 11
やさしい	こいのぼり③	・・・・・・・・ 12
ふつう	かぶと①	・・・・・・・・・・・・ 13
ふつう	かぶと②	・・・・・・・・・・・・ 14
ふつう	しょうぶ①	・・・・・・・・・・ 16
ふつう	しょうぶ②	・・・・・・・・・・ 17

18 ファミリーデー

ふつう	カーネーション①	・・・・・ 18
ちゃれんじ	カーネーション②	・・・・・ 19
ふつう	ばら	・・・・・・・・・・・・・・・・ 20
やさしい	プレゼントフレーム	・・・・ 21
やさしい	てがみいれ	・・・・・・・・・・ 22
ふつう	ブレスレット	・・・・・・・・・ 23

24 遠足

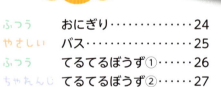

ふつう	おにぎり	・・・・・・・・・・・・ 24
やさしい	バス	・・・・・・・・・・・・・・・・ 25
ふつう	てるてるぼうず①	・・・・・ 26
ちゃれんじ	てるてるぼうず②	・・・・・ 27

28 時の記念日

ふつう	おきどけい	・・・・・・・・・・ 28
ふつう	うでどけい①	・・・・・・・・・ 29
ちゃれんじ	うでどけい②	・・・・・・・・・ 30

32 七夕

ふつう	おりひめ・ひこぼし①	・・ 32
ちゃれんじ	おりひめ・ひこぼし②	・・ 33
ちゃれんじ	おりひめ・ひこぼし③	・・ 34
ふつう	ささの は	・・・・・・・・・・・ 35
やさしい	ロケット	・・・・・・・・・・・・ 36
ふつう	すいか	・・・・・・・・・・・・・・ 37
ふつう	パンダ	・・・・・・・・・・・・・・ 38

40 夏祭り

ふつう	はなび・・・・・・・・・・40
ふつう	かきごおり・・・・・・・・42
ふつう	アイスクリーム・・・・44
ふつう	きんぎょ①・・・・・・・・45
ちゃれんじ	きんぎょ②・・・・・・・・46
やさしい	おばけ①・・・・・・・・・・48
ちゃれんじ	おばけ②・・・・・・・・・・49

50 運動会

ちゃれんじ	トロフィー・・・・・・50
ふつう	メダル①・・・・・・・・52
ちゃれんじ	メダル②・・・・・・・・53

54 ハロウィン

やさしい	かぼちゃ①・・・・・・・・54
ふつう	かぼちゃ②・・・・・・・・55
ふつう	こうもり①・・・・・・・・56
ちゃれんじ	こうもり②・・・・・・・・57
ちゃれんじ	まほうつかい①・・・・58
ちゃれんじ	まほうつかい②・・・・60

62 クリスマス

やさしい	サンタクロース①・・・・62
ふつう	サンタクロース②・・・・64
ちゃれんじ	となかい・・・・・・・・・・66
ちゃれんじ	エンゼル・・・・・・・・・・68
やさしい	ツリー・・・・・・・・・・・・70
やさしい	ベル・・・・・・・・・・・・・・71

72 お正月

ふつう	こま・・・・・・・・・・・・72
ふつう	たこ・・・・・・・・・・・・73
ふつう	はごいた①・・・・・・74
ちゃれんじ	はごいた②・・・・・・75
ふつう	おしし・・・・・・・・・・76
ちゃれんじ	かがみもち・・・・・・78

80 節分

やさしい	おに①・・・・・・・・・80
ふつう	おに②・・・・・・・・・81
ちゃれんじ	おに③・・・・・・・・・82
ちゃれんじ	おに④・・・・・・・・・84

86 ひな祭り

やさしい	おひなさま①・・・・86
ふつう	おひなさま②・・・・87
ちゃれんじ	おひなさま③・・・・88
ふつう	ひしもち・・・・・・・・90

92 卒園式

| ふつう | えんぴつ・・・・・・・・92 |
| ちゃれんじ | さくら・・・・・・・・・・94 |

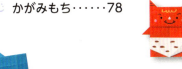

この本の使い方

おすすめの マーク | その作品の難度をマークで表示しています。

▶▶ やさしい ◀◀
おりがみを はじめた
ばかりでも だいじょうぶ

▶▶ ふつう ◀◀
なれて きたら

▶▶ ちゃれんじ ◀◀
すこし むずかしい
おりがみを おって みたい

折り図をダウンロードして活用しましょう

折り図は、子どもにもわかりやすいように、ひらがなで表記しています。プリントして、行事に合わせておりがみコーナーに掲示したり、折りたいものの折り図を渡したりして活用してください。

折り図はこちらからダウンロードできます！

https://www.hoikucan.jp/book/gyoji_origami/

二次元コードからも！

【ダウンロードコンテンツの使用の許諾と禁止事項】
○弊社はサイトからダウンロードしたデータのすべての著作権を管理しています。
○弊社はサイトからダウンロードしたデータの使用により発生した直接的、間接的または波及効果による、いかなる損害や事態に対しても、一切の責任を負わないものとします。
○サイトからダウンロードしたデータは、この本をご購入された個人または法人・団体が、その私的利用範囲内で使用することができます。
○営利を目的とした利用や、不特定多数の方に向けた配布物や広報誌、業者に発注して作る大量部数の印刷物には使用できません。
○使用権者であっても、データの複製・転載・貸与・譲渡・販売・頒布（インターネットを通じた提供も含む）することを禁止します。また、データを変形・加工して利用することも同様に禁止とします。

おりかたの きごうと やくそく

おりがみの おりかたを きごうで あらわした ものです。
はじめに きごうの やくそくを おぼえてから おって いきましょう。

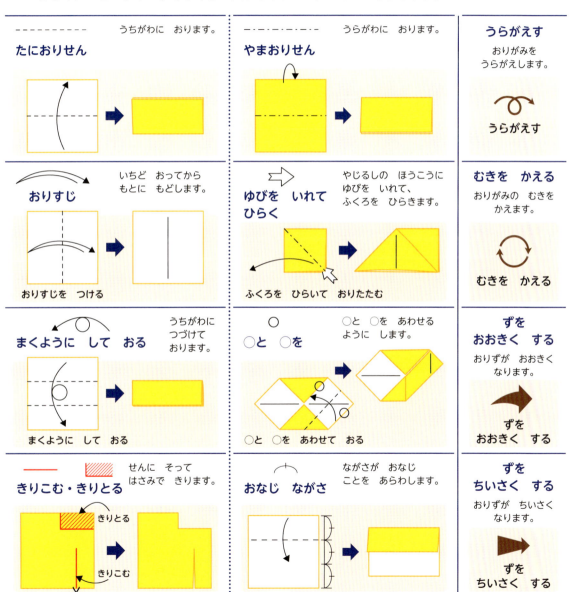

誕生会

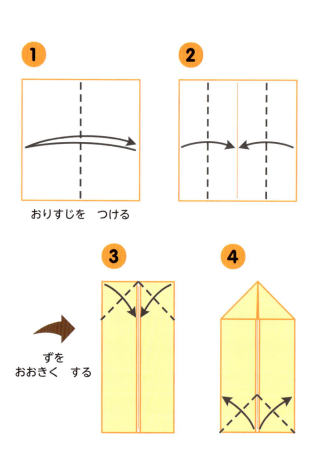

ふつう

ケーキ❶

❼で、うえに のった フルーツの おおきさを かえる ことが できます。

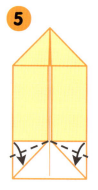
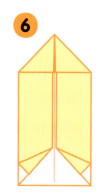
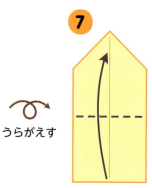

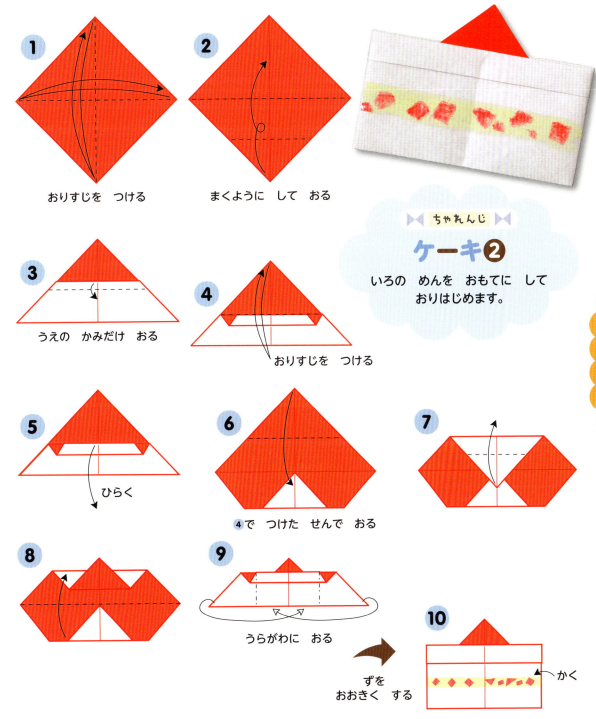

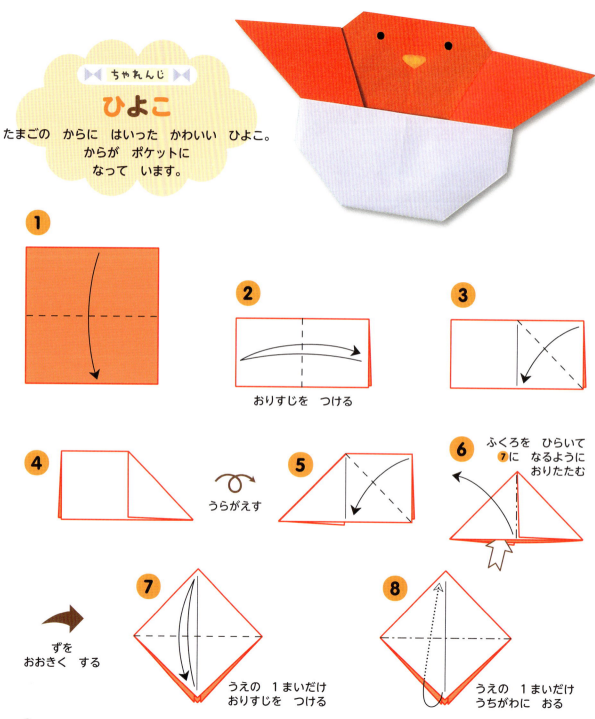

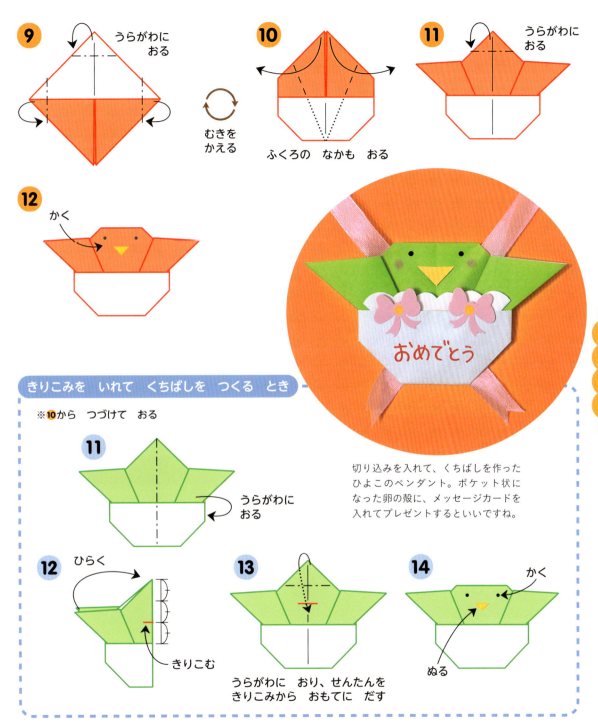

こどもの日

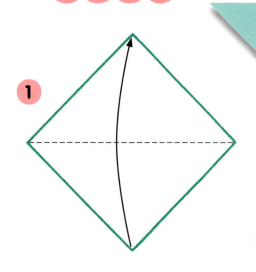

やさしい
こいのぼり❶

3かい おっただけで できる
かんたんな こいのぼり。

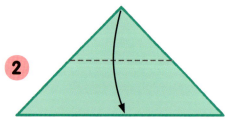

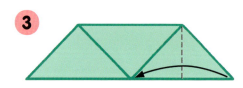

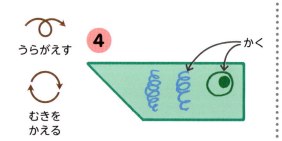

35cm 角の色紙で、かぶれるように作ったかぶと。きらきらの色紙をはって飾りました。折り方は13ページにあります。

折ったこいのぼりは、台紙にはって飾ったり、持ち帰ったりするといいですね。

1
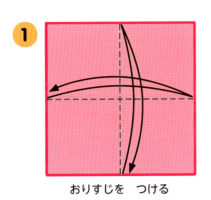
おりすじを つける

2
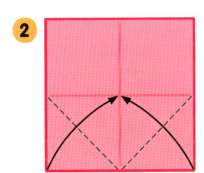

▶◀ やさしい ▶◀
こいのぼり❷

おりすじを つけるのは どこまで
おるのか わかりやすく
する ためです。

こどもの日

3
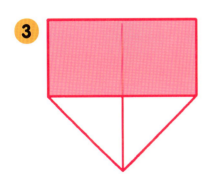
うらがえす

4
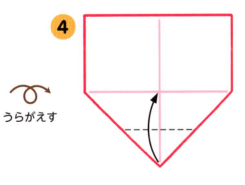

5
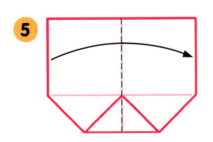

6

むきを
かえる

7
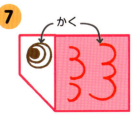
かく

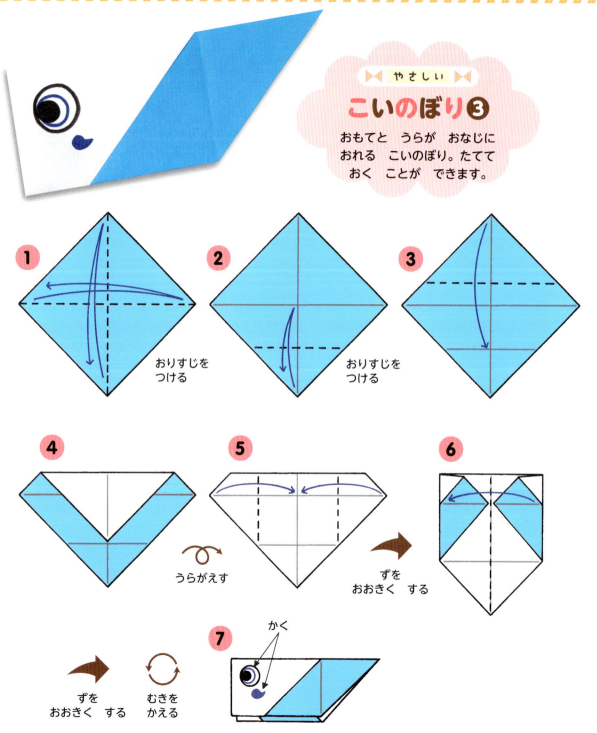

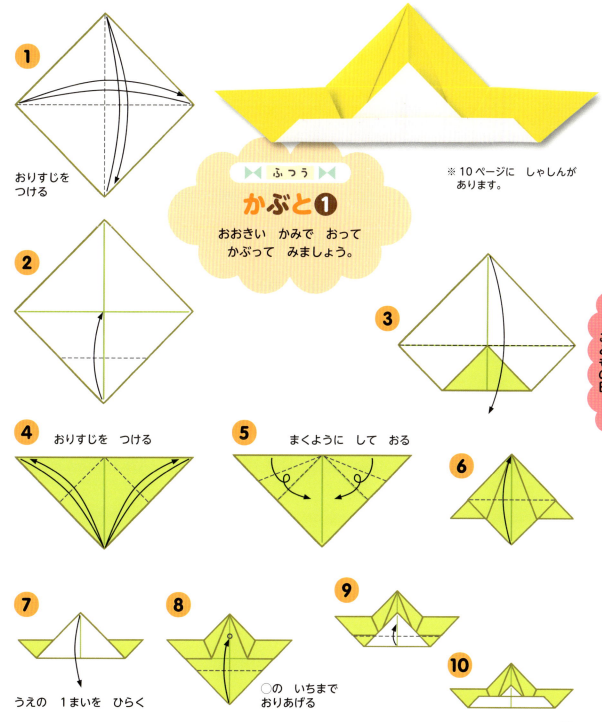

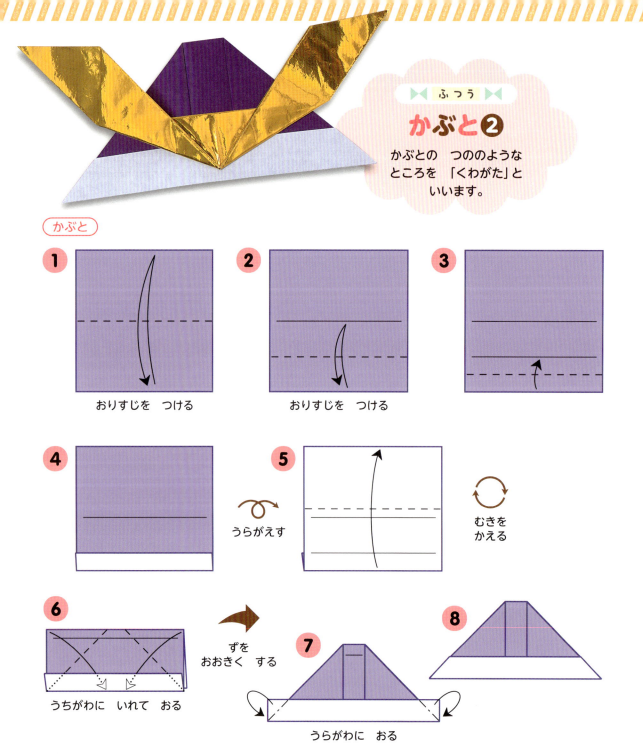

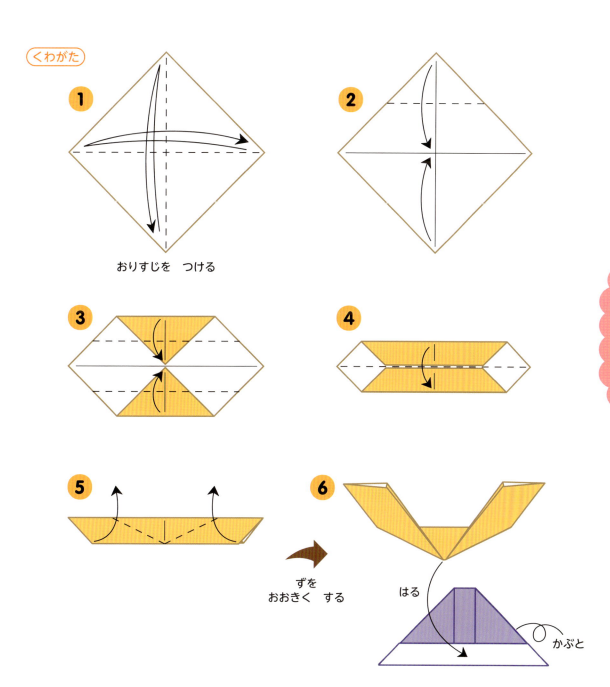

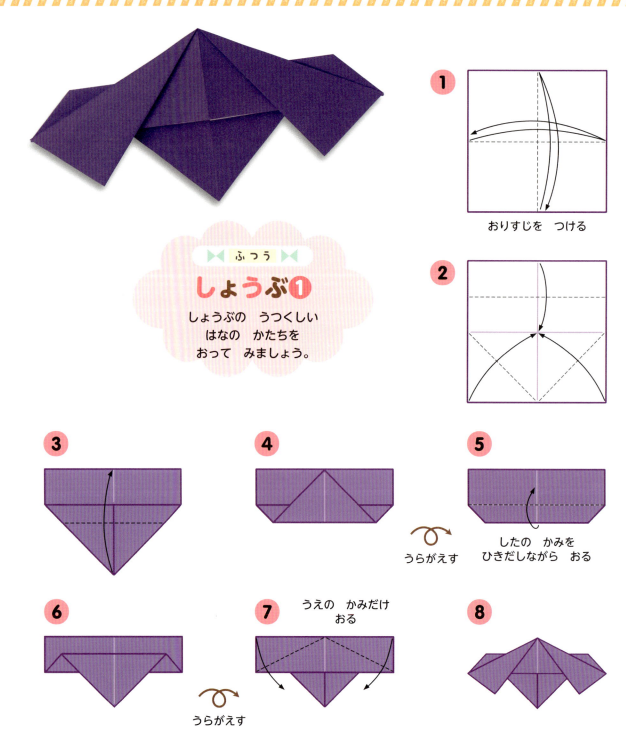

ふつう
しょうぶ ①

しょうぶの うつくしい
はなの かたちを
おって みましょう。

1 おりすじを つける

2

3

4

5 したの かみを
ひきだしながら おる

うらがえす

6

うらがえす

7 うえの かみだけ
おる

8

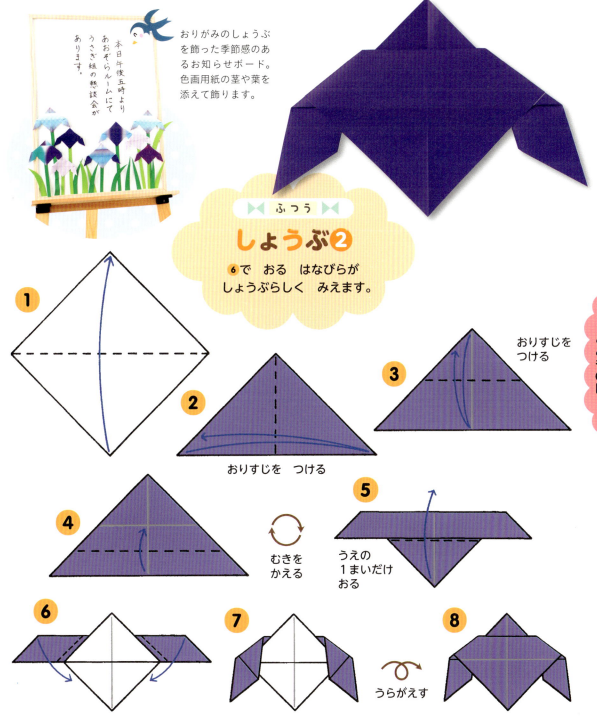

ファミリーデー

▶◀ ふつう ▶◀
カーネーション❶

きれいに　はなひらいた　カーネーション。
ペンダントに　して
プレゼントしても。

1
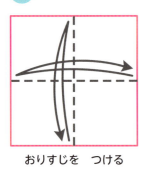
おりすじを　つける

2
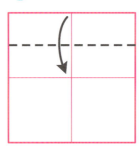

3
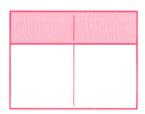

うらがえす

4
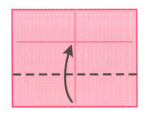

5
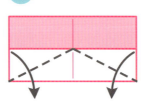

6
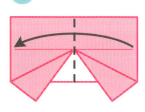

7

うえの　かみだけ　おる

むきを
かえる

8
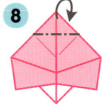
うらがわに　おる

9

ぬる

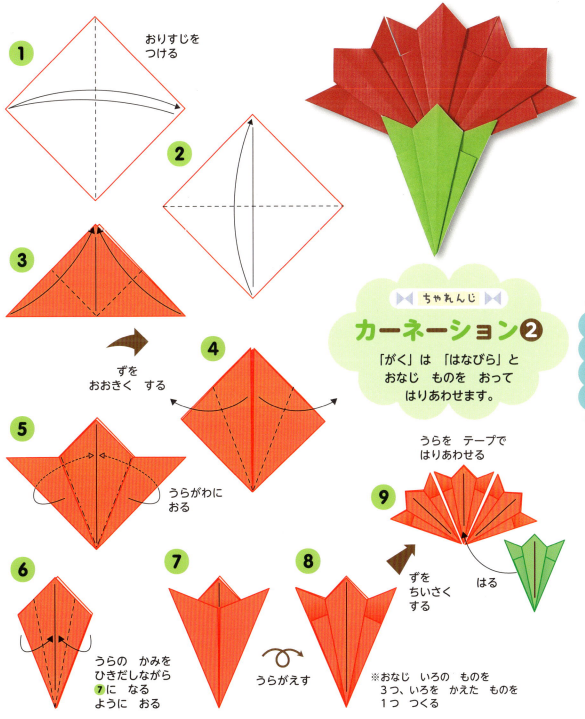

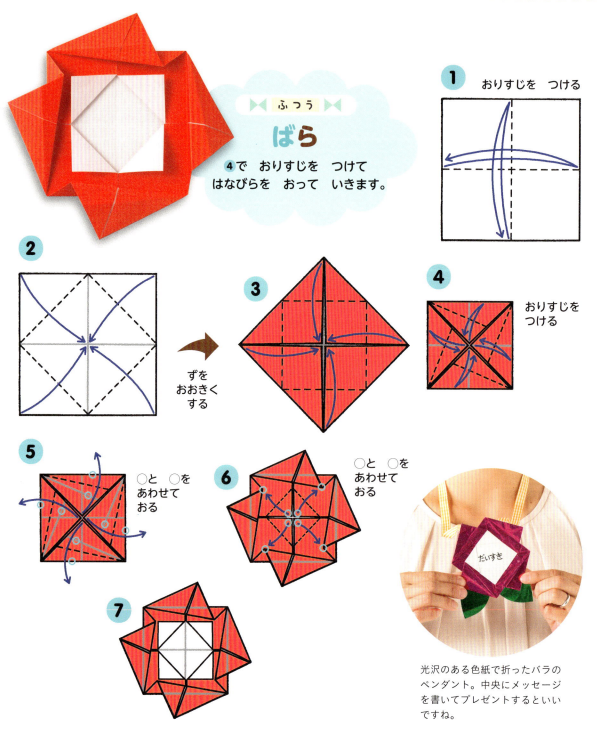

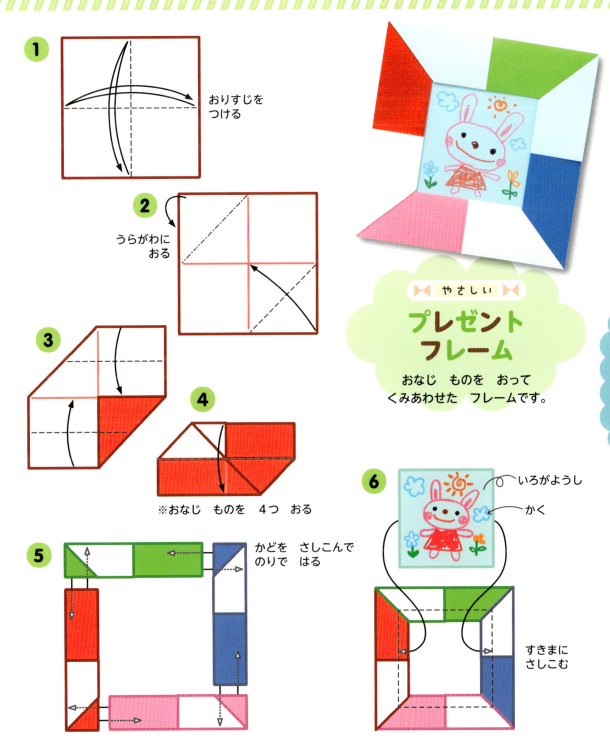

やさしい
てがみいれ

てがみや カードを いれる ふうとうです。

1 おりすじを つける

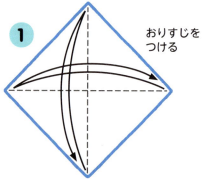

2

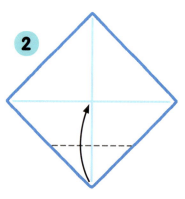

3

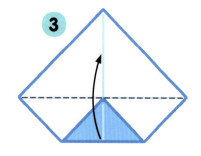

4

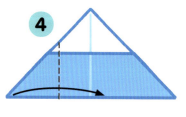

5 おって さしこむ

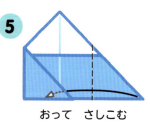

6

7

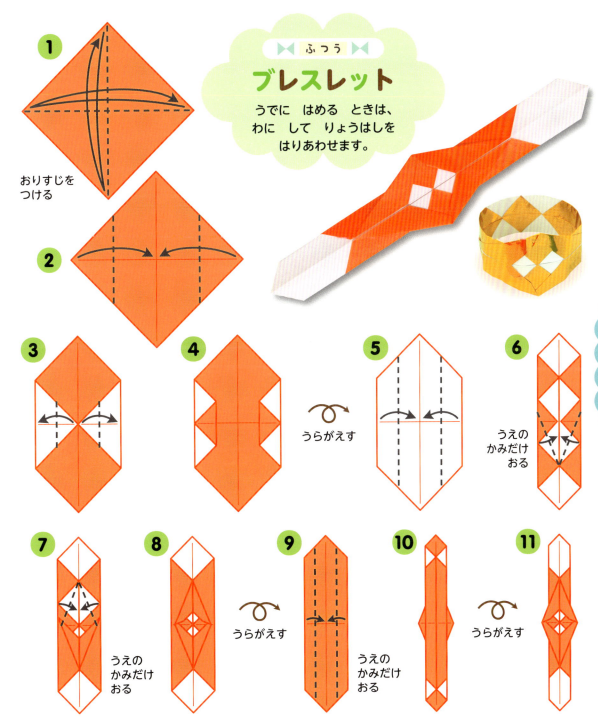

遠足

おにぎり
▶◀ ふつう ▶◀

くろい いろで
のりを あらわします。

1. おりすじを つける
2. おりすじを つける
3.
4.
5. うらがえす
6. うらがわに おる
7.

24

1
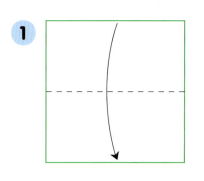

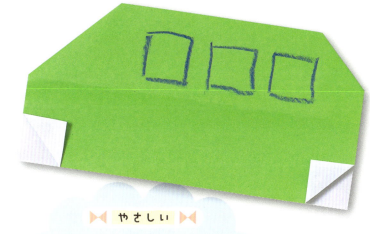

おりすじを つける

2
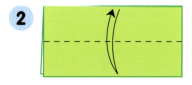

> やさしい
> # バス
> かんたんに おれる バス。
> ❸で バスの かたちに みえて きます。

3

4
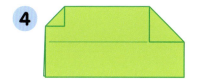

遠足

色画用紙をはった段ボール板の道を持ち、傾斜をつけます。バスを置いて走らせてあそびましょう。

5
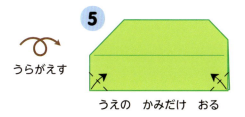

うらがえす

うえの かみだけ おる

紙芯を挟んではり、中に小さいボールやビー玉を入れます。小さいボールやビー玉は保育者が管理しましょう。

6
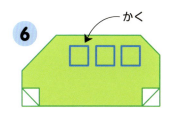

かく

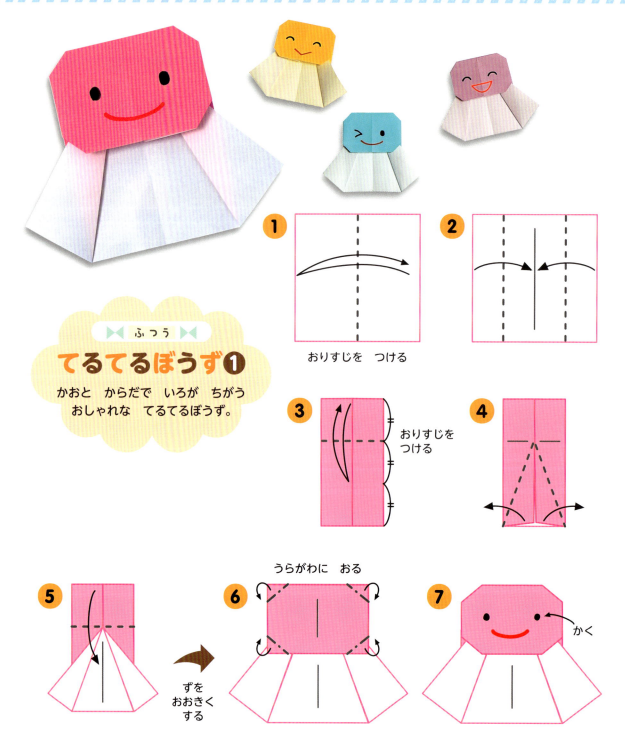

1
おりすじを つける

2

3
ずを おおきく する
おりすじを つける

4

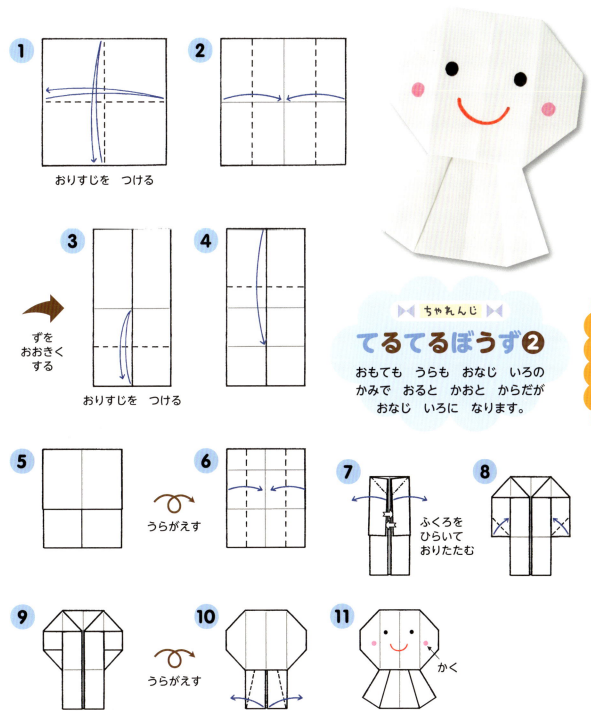

▶◀ ちゃれんじ ▶◀
てるてるぼうず❷
おもても うらも おなじ いろの
かみで おると かおと からだが
おなじ いろに なります。

遠足

5
うらがえす

6

7
ふくろを
ひらいて
おりたたむ

8

9

10
うらがえす

11
かく

27

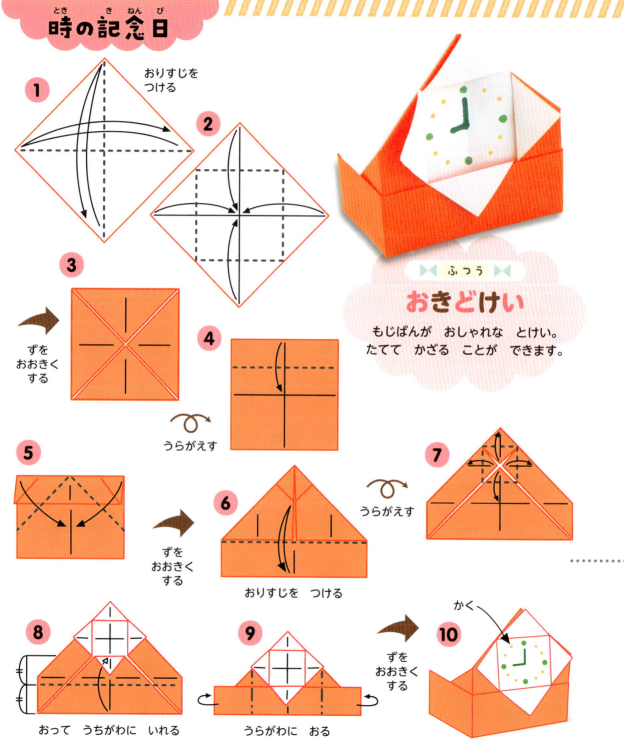

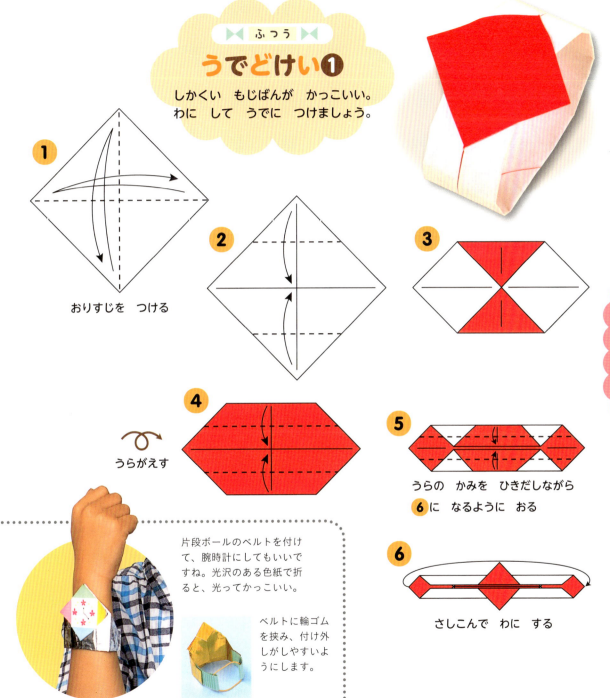

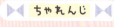 ちゃれんじ

うでどけい❷

いろがみを はんぶんに きって もじばんと ベルトを おります。

（もじばん）

1 おりすじを つける

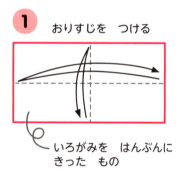

いろがみを はんぶんに きった もの

2

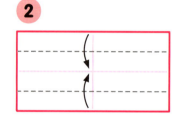

3

うらがえす

4

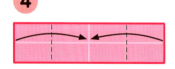

5

うらがえす

6

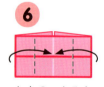

したの かみを ひきだしながら おる

ずを おおきく する

7

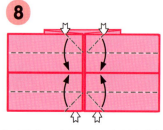

うらも かさねたまま おりすじを つける

8

ふくろを ひらいて おりたたむ

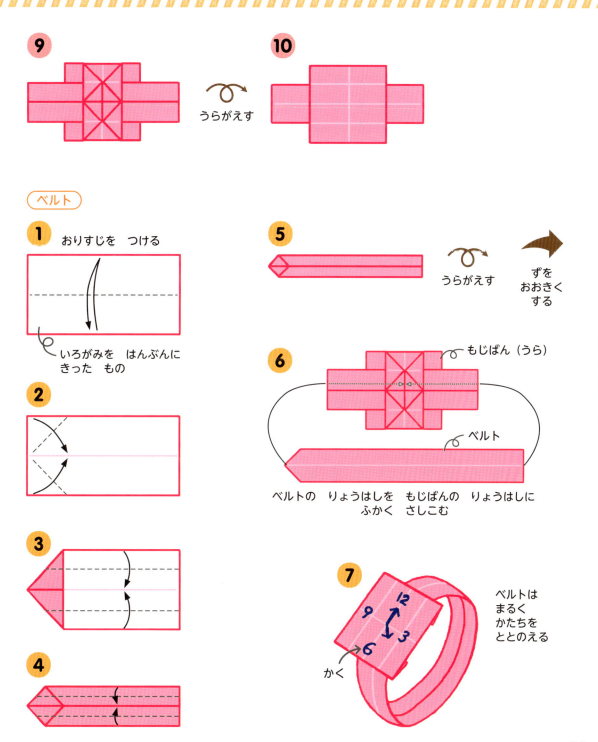

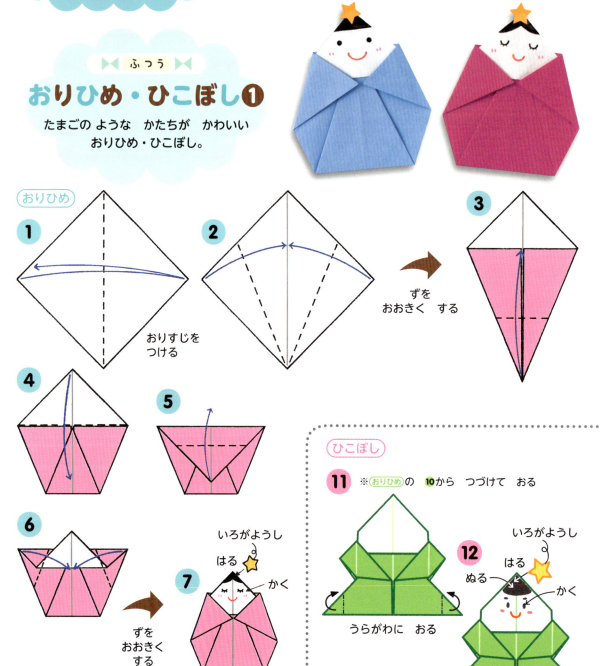

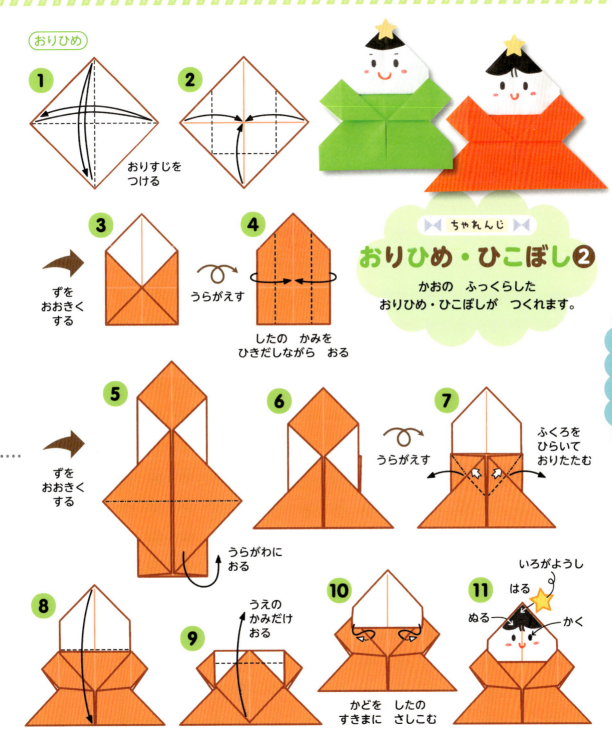

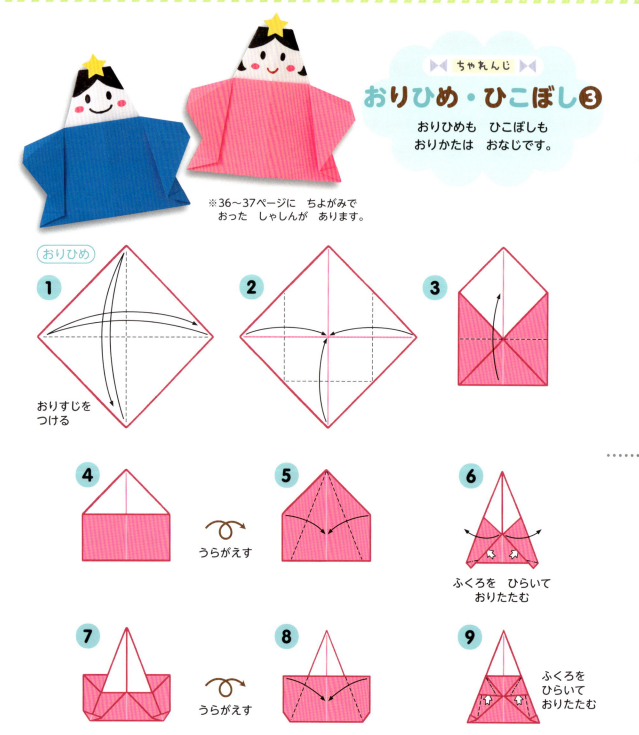

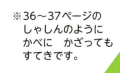

※36〜37ページの
しゃしんのように
かべに かざっても
すてきです。

▶◀ ふつう ▶◀
ささの は

かざりや ねがいごとを かいた
たんざくを つるす
ささの はを つくります。

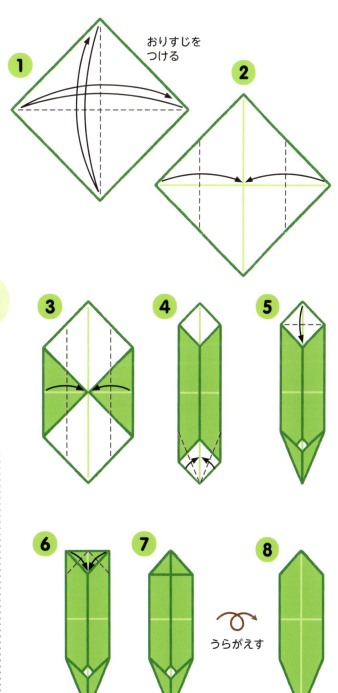

1 おりすじをつける
2
3
4
5
6
7 うらがえす
8

七夕

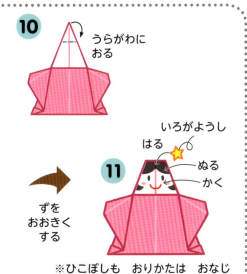

10 うらがわにおる

→ ずをおおきくする

11 いろがようし
はる
ぬる
かく

※ひこぼしも おりかたは おなじ

35

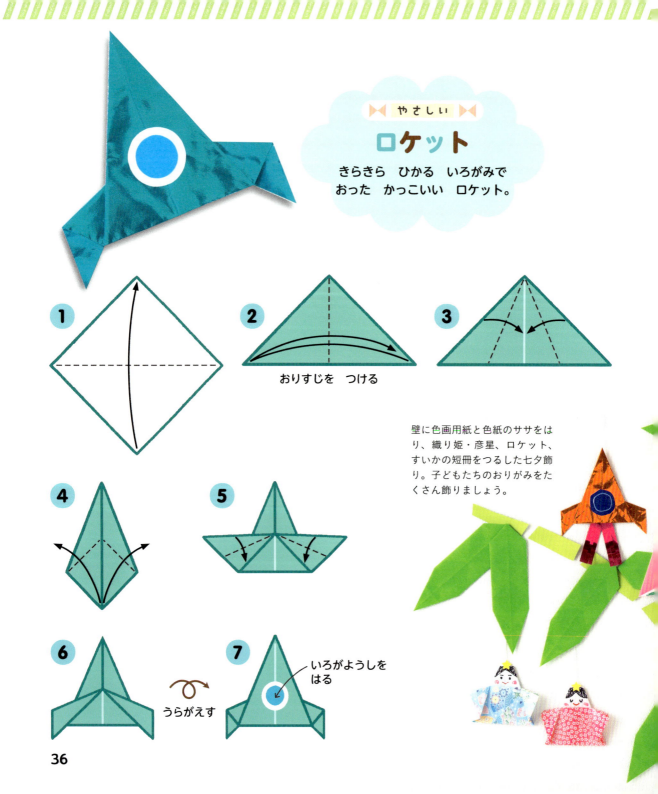

◀ ふつう ▶
すいか

うらに ねがいごとを かいて
すいかの たんざくに しても。

1 おりすじを つける

2 おりすじを つける

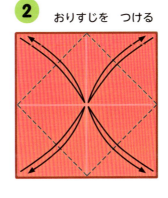

3

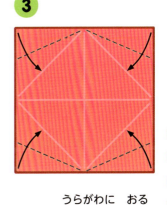

七夕

4

5 うらがわに おる

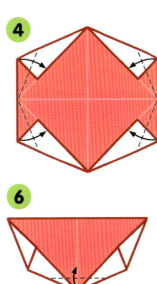

6

うえの かみだけ おり、
うらも おなじように おる

7 かく / ぬる

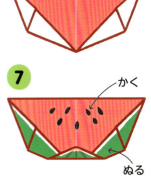

37

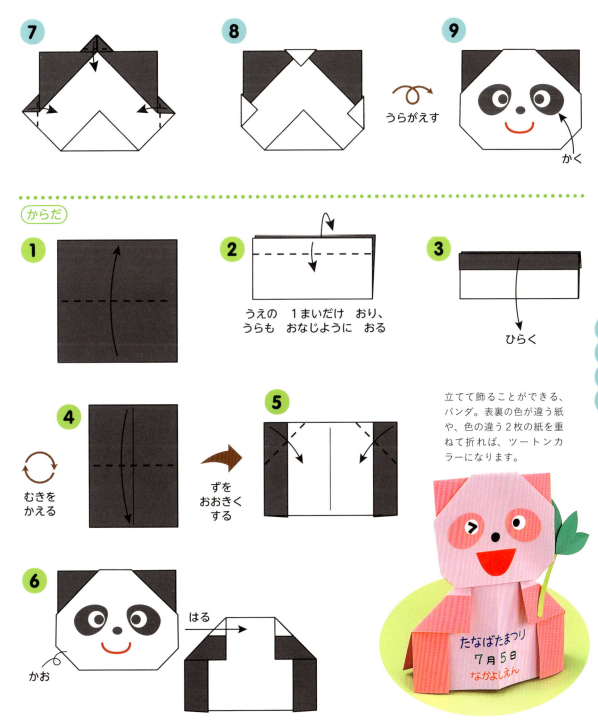

夏祭り

はなび1

はなび2

▶▷ ふつう ◁◀

はなび

おなじ パーツを 4つ あわせて
まるい かたちの
はなびを つくります。

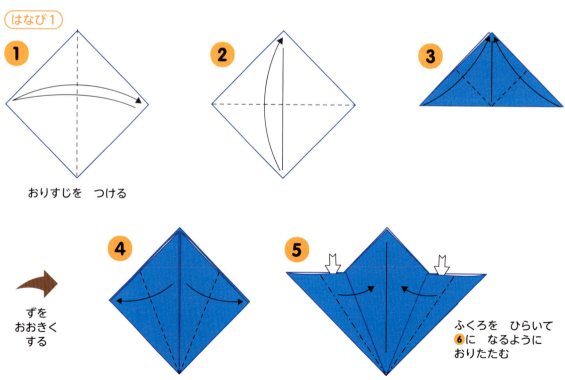

はなび1

1 おりすじを つける

2

3

→ ずを おおきく する

4

5 ふくろを ひらいて ❻に なるように おりたたむ

6 うらがわに おる

7 ※4つ つくる

8 ずを ちいさく する

うらがわを セロハンテープで はりあわせる

はなび2 ※ はなび1 の **5** から つづけて おる

6 うらがわに おる

7 ※4つ つくる

8 ずを ちいさく する

うらがわを セロハンテープで はりあわせる

華やかな打ち上げ花火は、色や、大きさに変化をつけると迫力が出ます。子どもたちと一緒に作って飾りましょう。

夏祭り

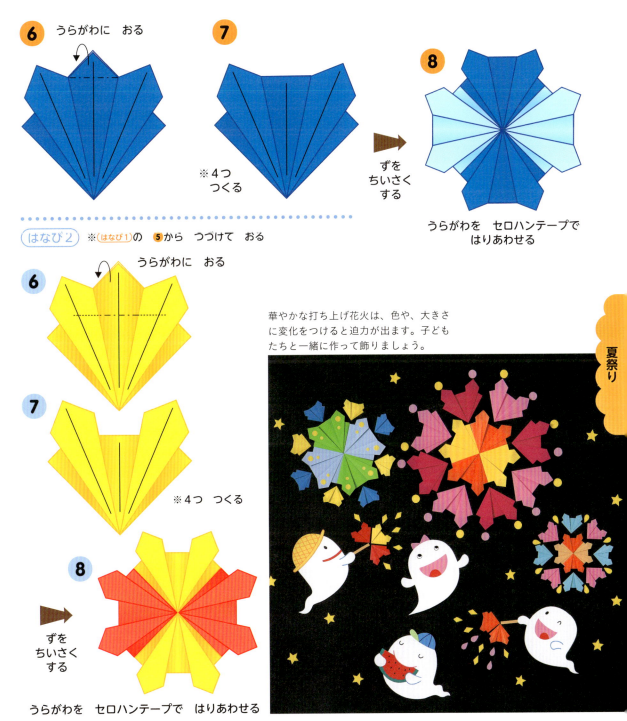

▶◀ ふつう ▶◀
かきごおり

しろい ところに いろを ぬって
すきな あじの かきごおりを
つくりましょう。

（かきごおり）

1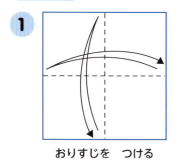
おりすじを つける

2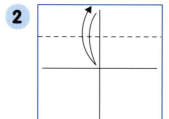
おりすじを つける

3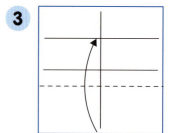

4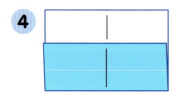

うらがえす

5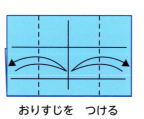
おりすじを つける

6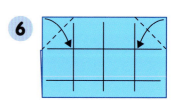

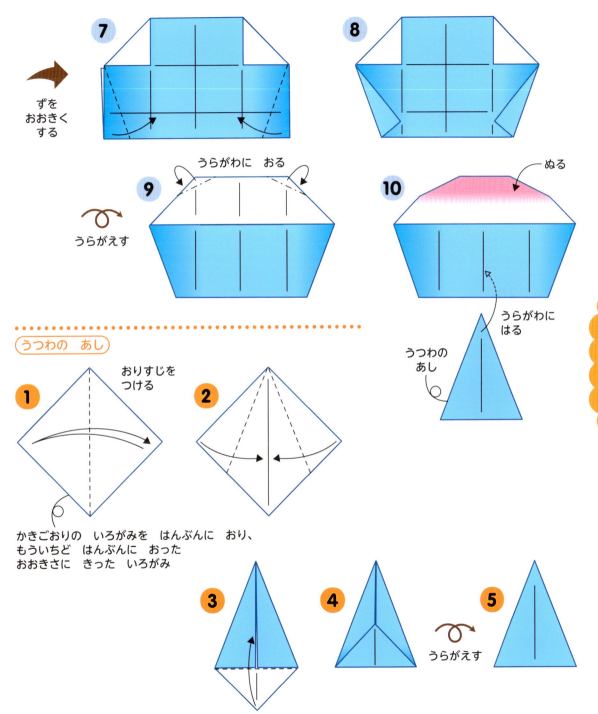

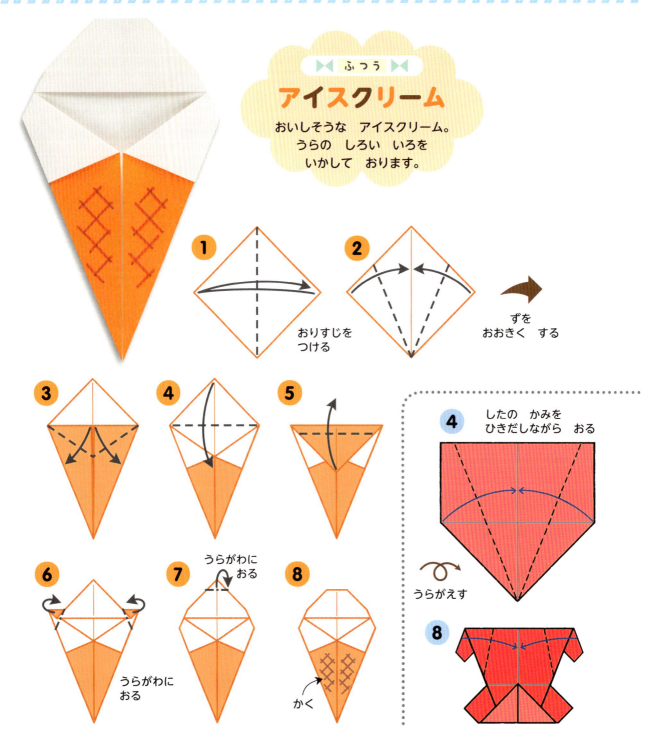

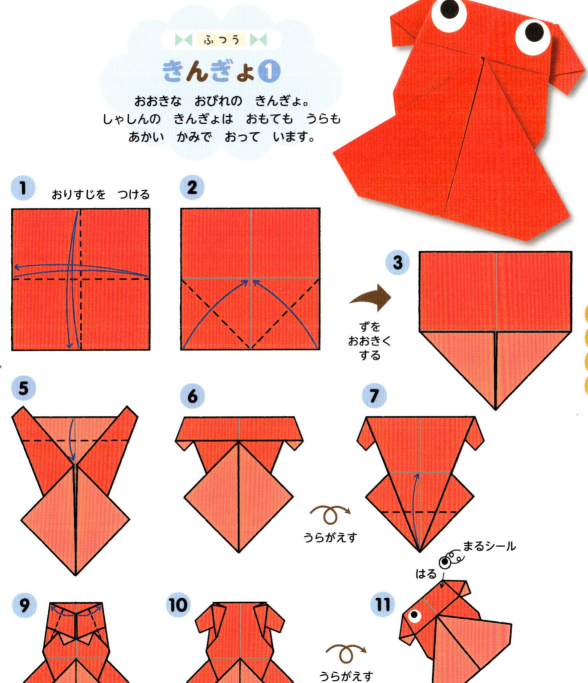

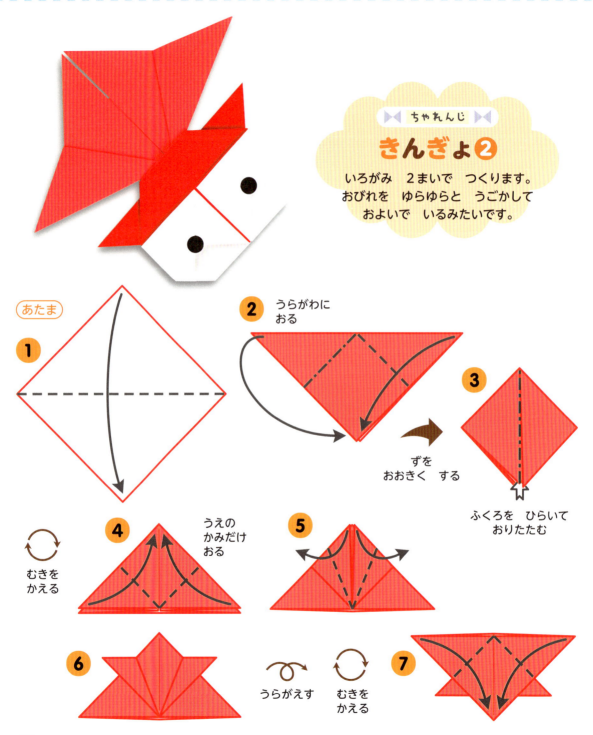

金魚を透明粘着フィルムで挟んではり、水に浮かべてあそべるようにします。

すくい網は、スチレントレーを切り抜いて作ります。水切り用の穴を開け、持ち手は、裏側にストローをはって補強し、カラーガムテープを巻いて覆っておくと丈夫です。

8 ふくろを ひらいて おりたたむ

9

10 うらがわに おる

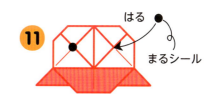

11 はる　まるシール

夏祭り

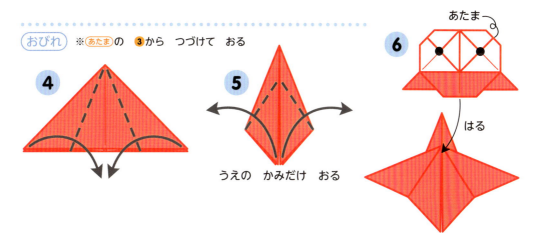

おびれ　※あたまの ❸から つづけて おる

4

5 うえの かみだけ おる

6 あたま

はる

47

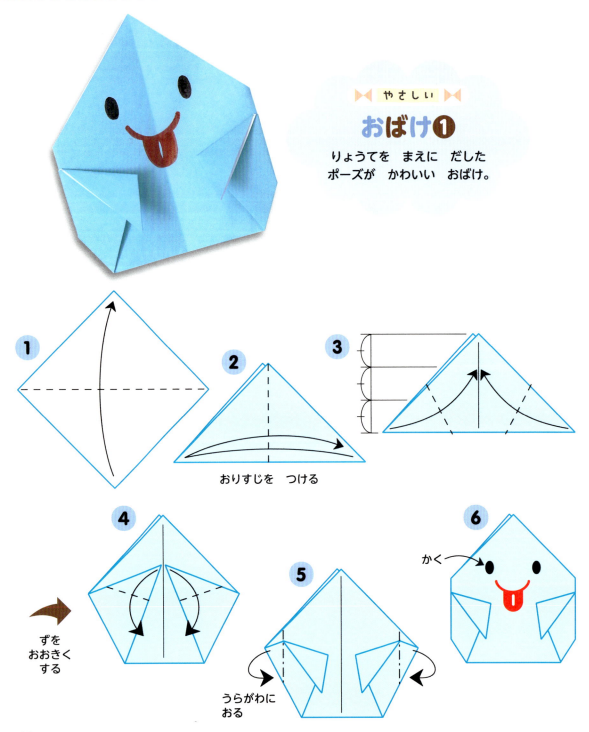

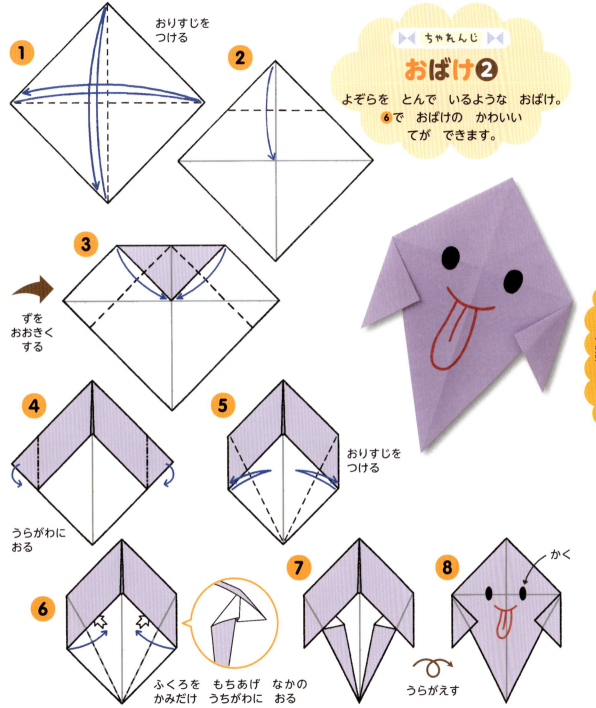

運動会

▶◀ ちゃれんじ ▶◀
トロフィー

きんいろの いろがみで おると、
ひかって かっこいいです。

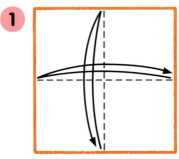

おりすじを つける

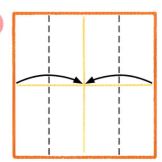

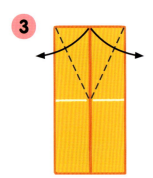

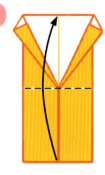

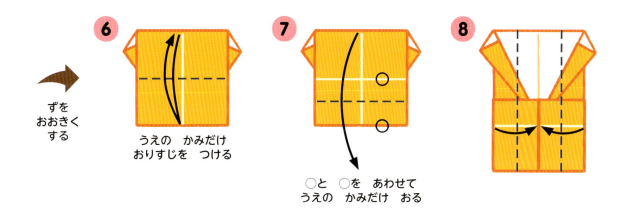

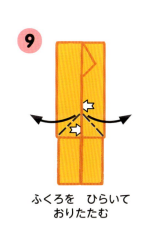

ふくろを ひらいて
おりたたむ

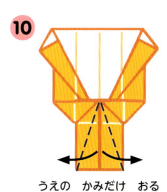

うえの かみだけ おる

うらがえす

ワンポイントのシールをはった、きらきらのトロフィー。布リボンを付けて、運動会のメダルにおすすめです。

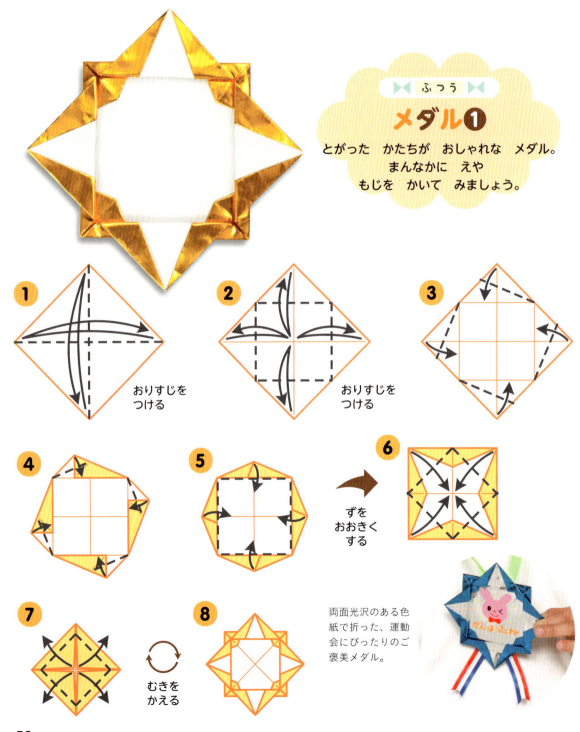

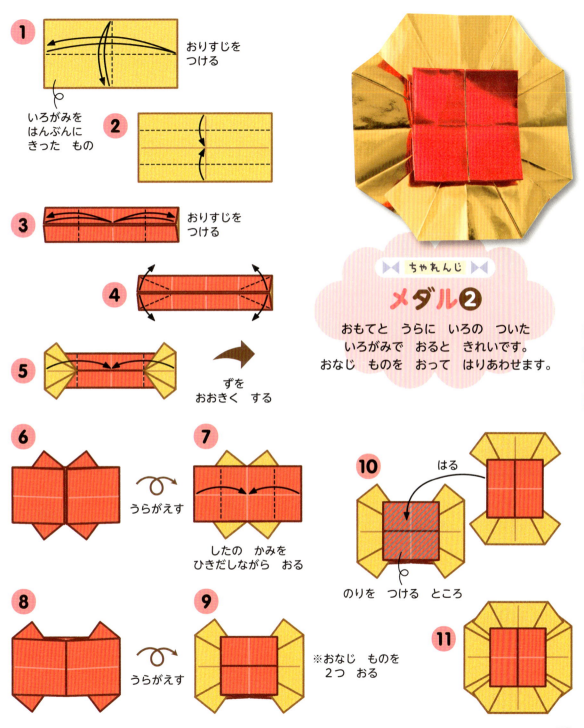

ハロウィン

かぼちゃ ①
やさしい

どっしりと した かぼちゃ。
たくさん つくって ハロウィンの
かざりに して みましょう。

1 おりすじを つける

2 おりすじを つける

ずを おおきく する

3 おりすじを つける / おりすじを つける

4 おりすじを つける

5

6 うらがわに おる / うらがわに おる

7

かぼちゃ❷

ふつう

いろの ついた めんを おもてに して おって いきましょう。

1. おりすじを つける
2.
3. ずを おおきく する / うらがえす
4. したの かみを ひきだしながら おる
5.
6.
7.
8. うらがわに おる / うらがえす
9.

ハロウィン

55

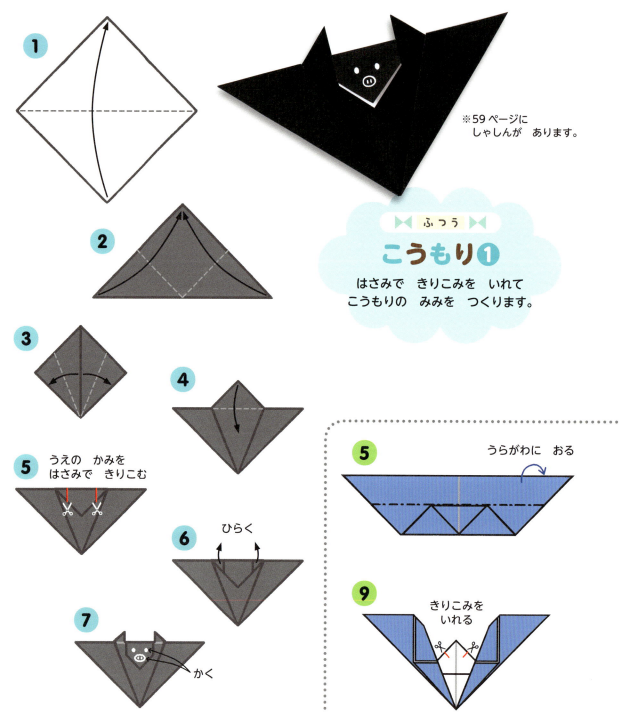

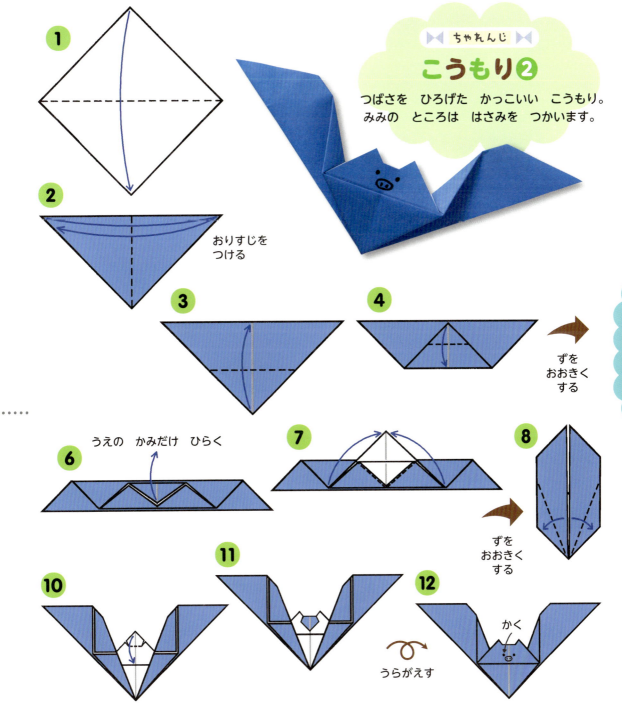

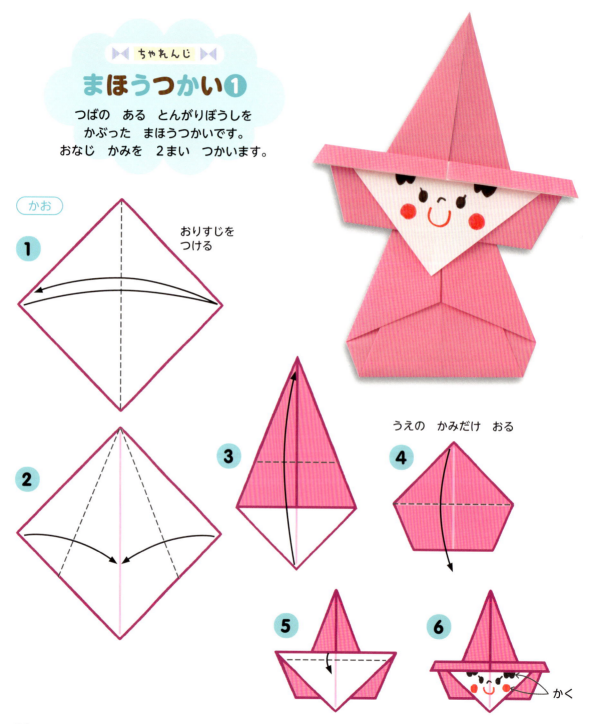

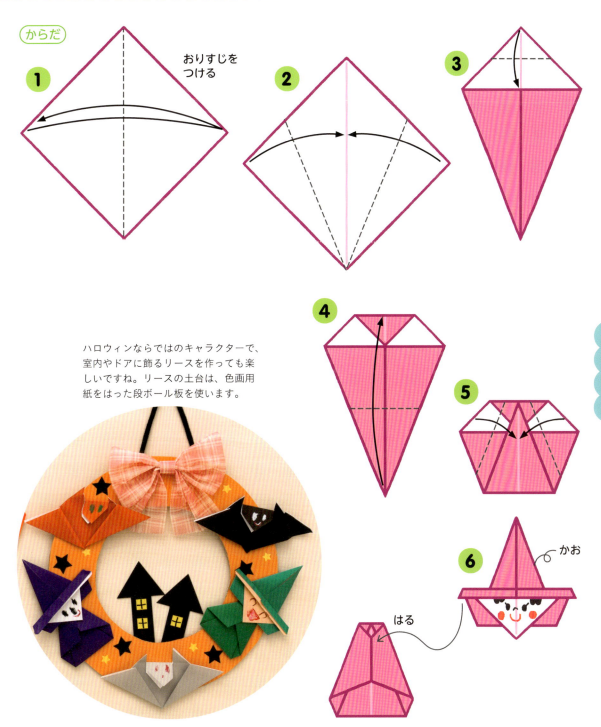

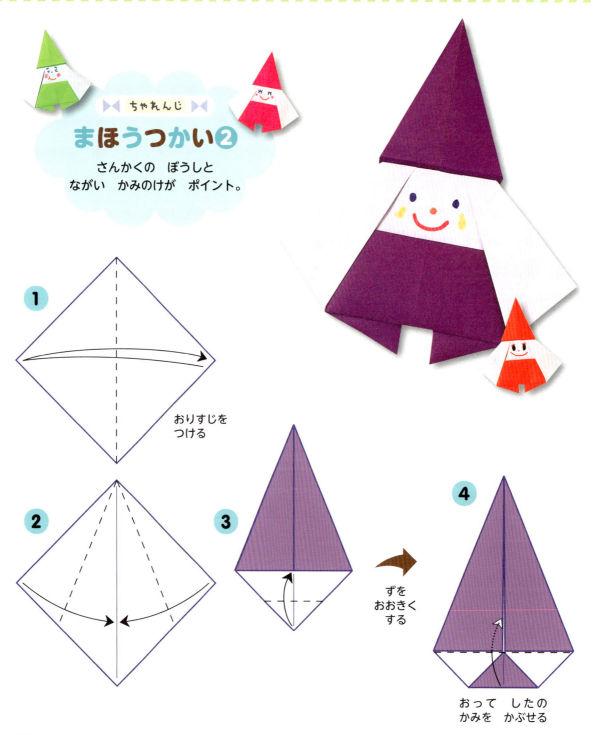

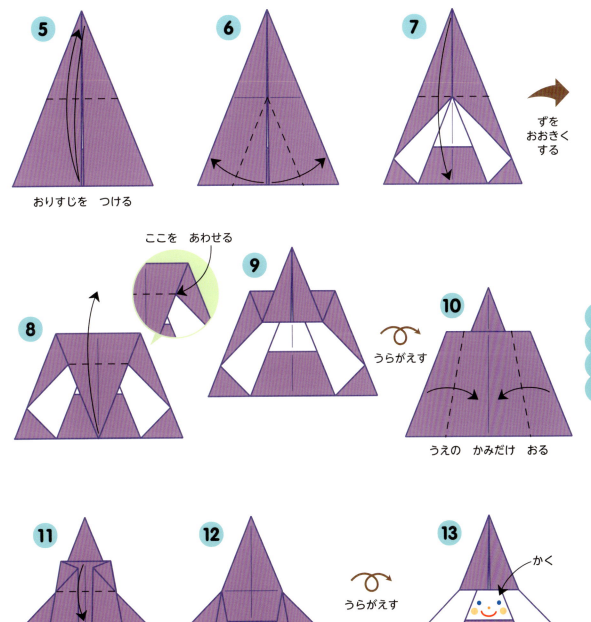

クリスマス

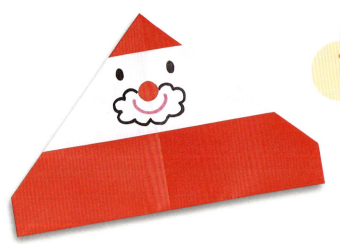

▶◀ やさしい ▶◀
サンタクロース❶

さんかくの　かたちを　した
かわいい　サンタクロースです。

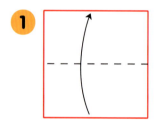

ぜんぶ　ひらく

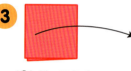

ずを
おおきく
する

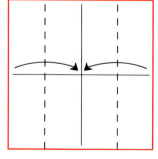

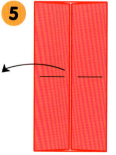

かたほうだけ　ひらく

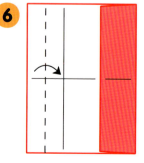

むきを
かえる

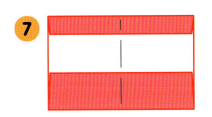
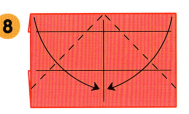

うらがえす

ずを
おおきく する

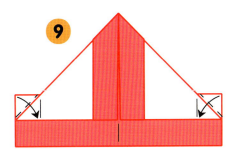

輪にした布リボンを付けて、ツリーの
オーナメントにしてもいいですね。カラ
フルな色合いにして飾ると華やかです。

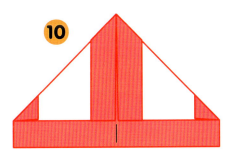

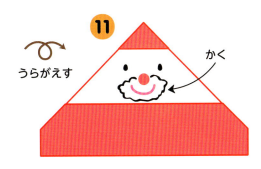

かく

うらがえす

クリスマス

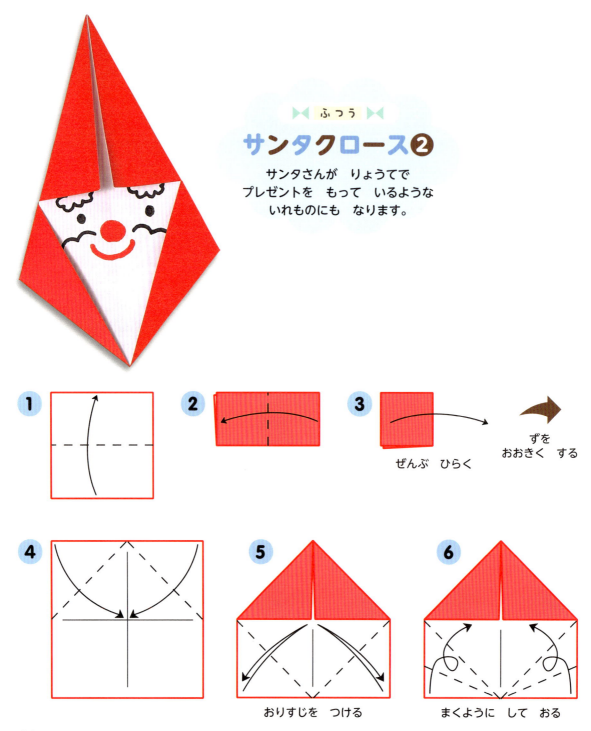

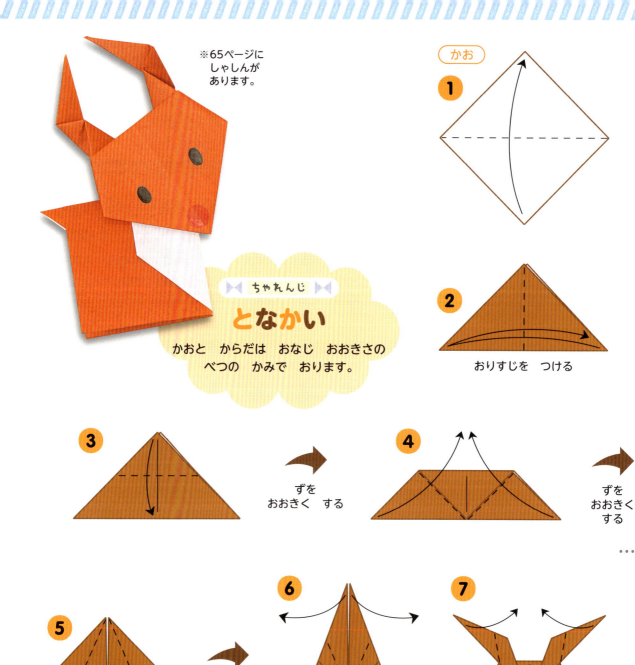

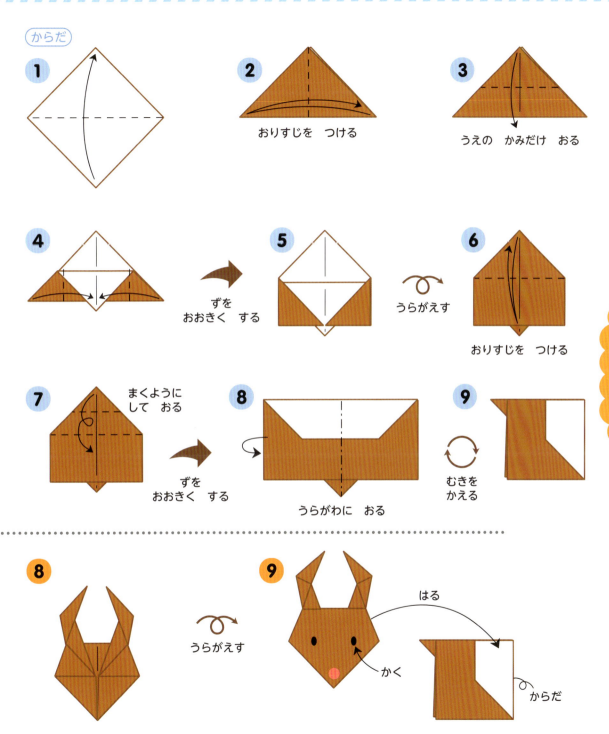

▶◀ ちゃれんじ ▶◀
エンゼル

ツリーの かざりにも なる かわいい エンゼル。

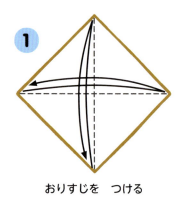

おりすじを つける

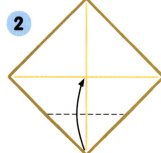

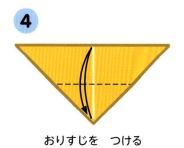

おりすじを つける

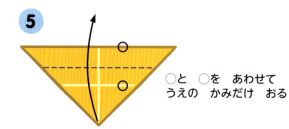

○と ○を あわせて
うえの かみだけ おる

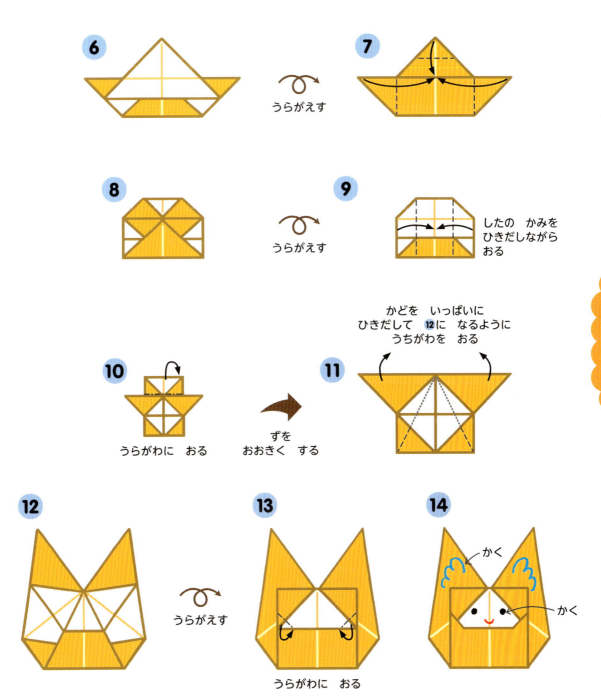

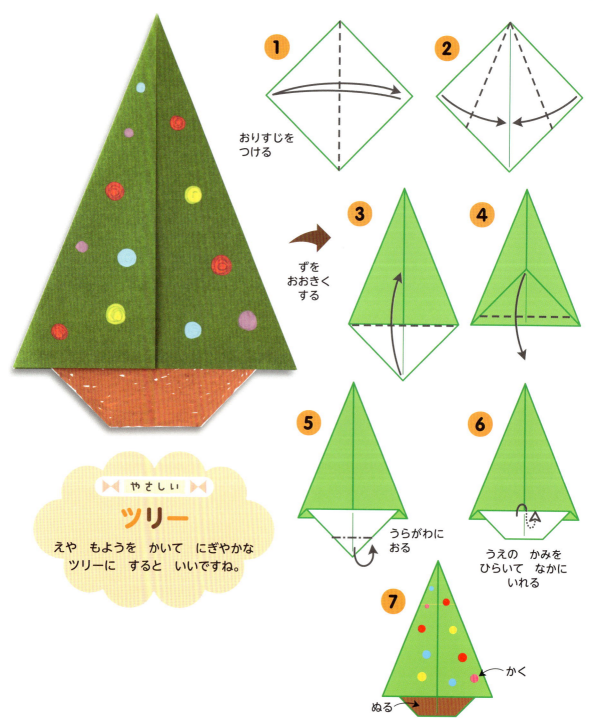

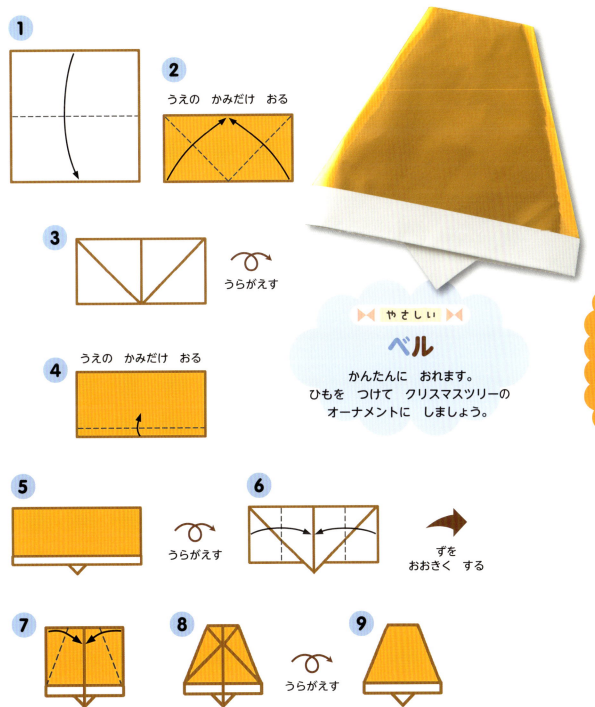

▶◀ やさしい ▶◀

ベル

かんたんに おれます。
ひもを つけて クリスマスツリーの
オーナメントに しましょう。

クリスマス

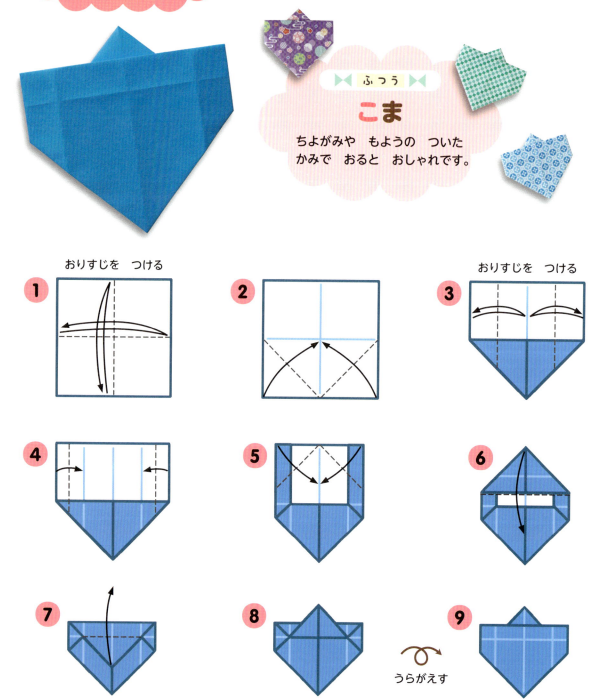

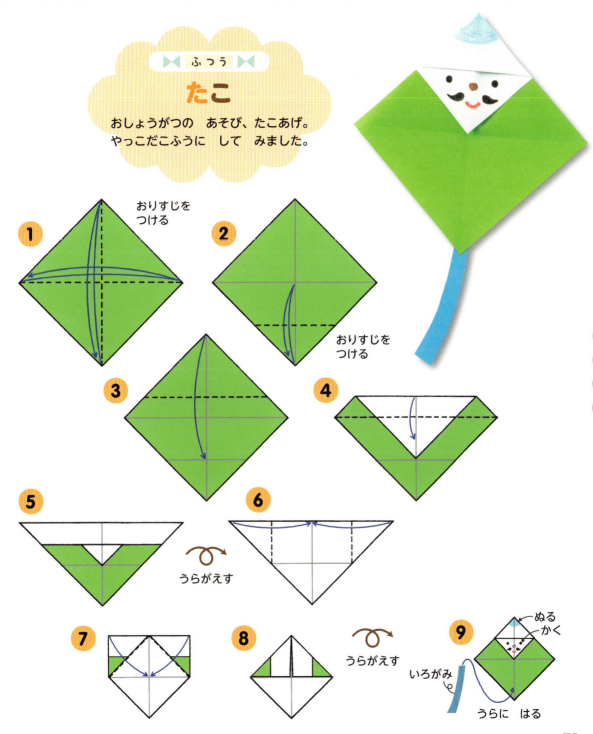

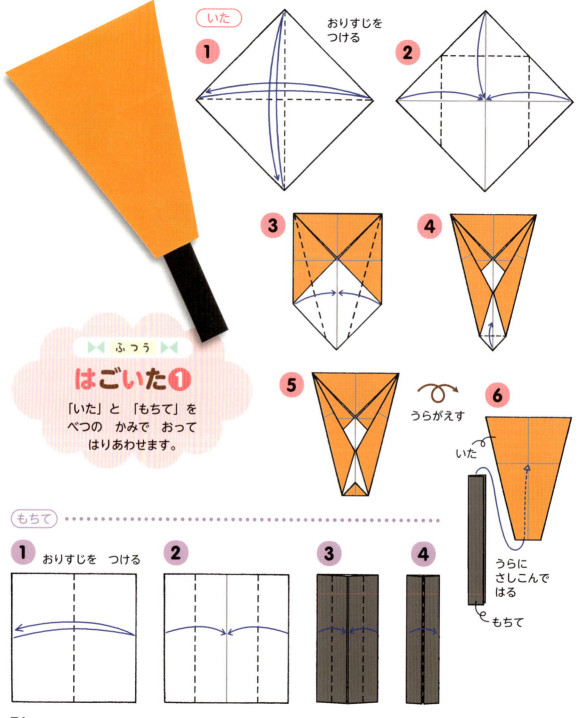

ちゃれんじ
はごいた❷

はさみで きりこみを いれて
もちてを つくります。

1 おりすじを つける

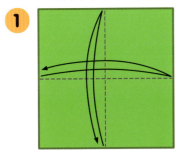

2

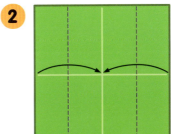

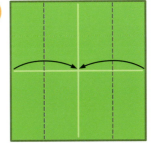

3

4 うらがわに おる

5 おりすじを つける

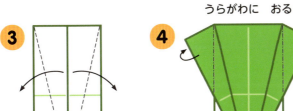

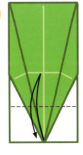

6 はさみで きりこむ

7

8 うらがわに おる

9

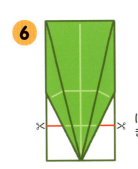

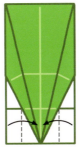
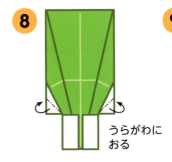
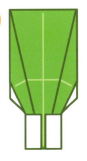

お正月

75

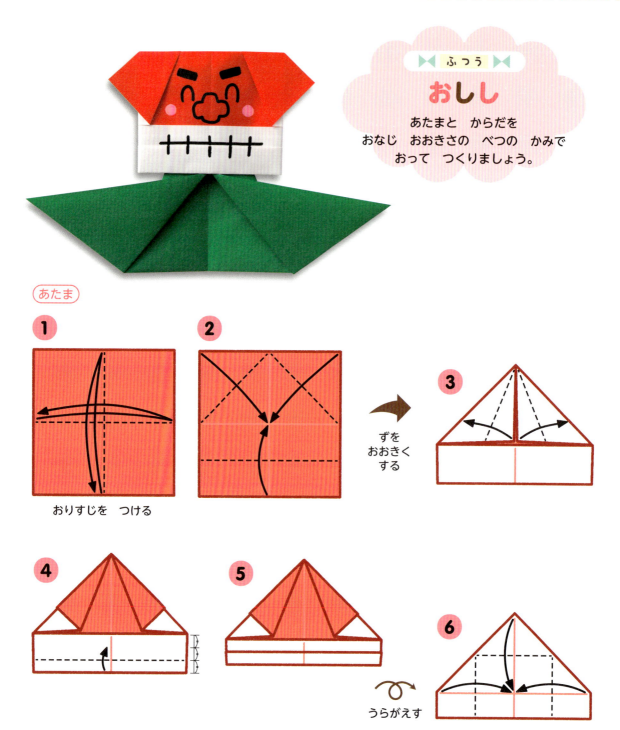

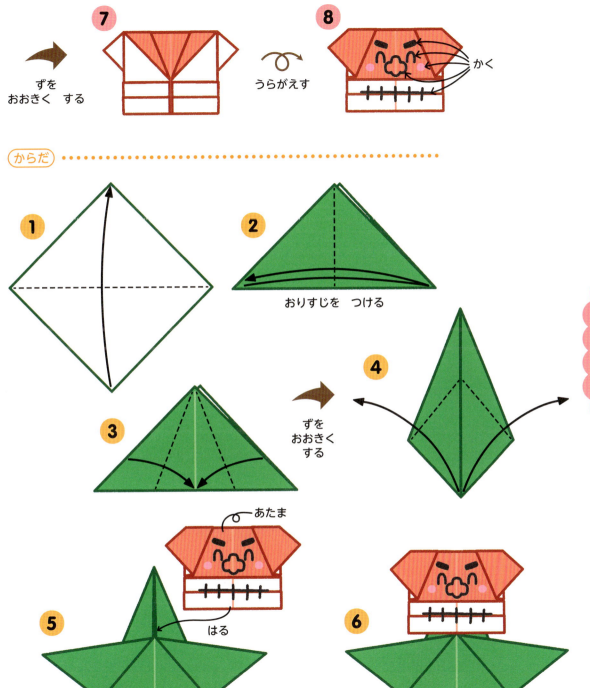

ちゃれんじ
かがみもち

おしょうがつに おそなえする かがみもち。
しろい かみで おって みましょう。

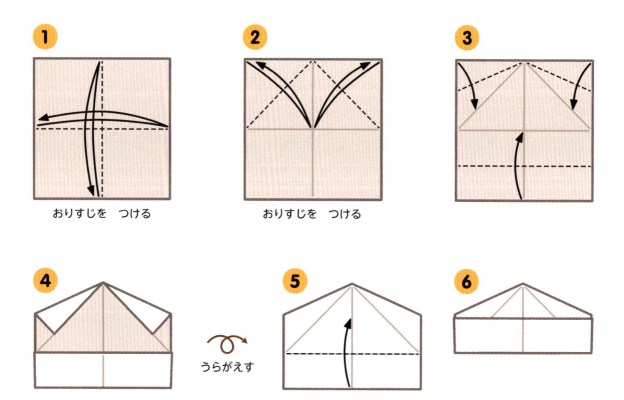

1. おりすじを つける
2. おりすじを つける
3.
4. うらがえす
5.
6.

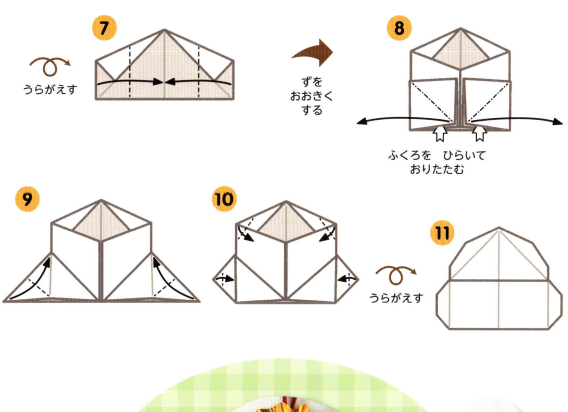

紙皿の真ん中を切り抜き、毛糸を巻きつけたリース風のお正月飾り。中央におりがみの鏡もちを飾りましょう。

節分(せつぶん)

▶◀ やさしい ▶◀
おに❶

いろの ついた めんを
おもてに して おると、
かみのけに いろが つきます。

1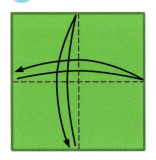
おりすじを つける

2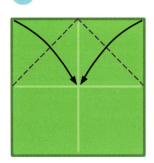

3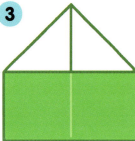
うらがえす

4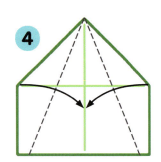

うらがわに おる

5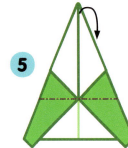

6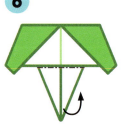
うらがわに おる

7
かく

◁ ふつう ▷
おに❷

あたまと からだを いっぺんに おる ことが できます。

1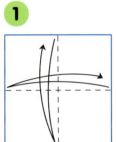
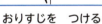
おりすじを つける

2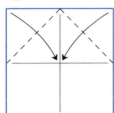

3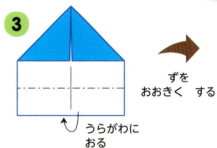
うらがわに おる
ずを おおきく する

4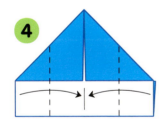

5
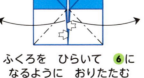
ふくろを ひらいて ❻に なるように おりたたむ

6
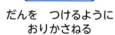
だんを つけるように おりかさねる

7

うらがえす

8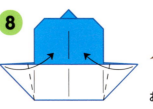

ずを おおきく する

9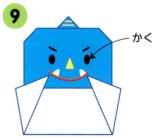
かく

節分

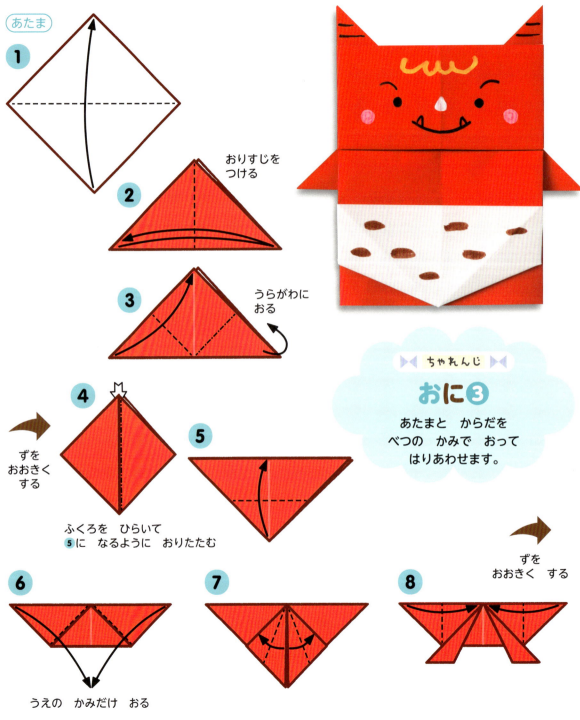

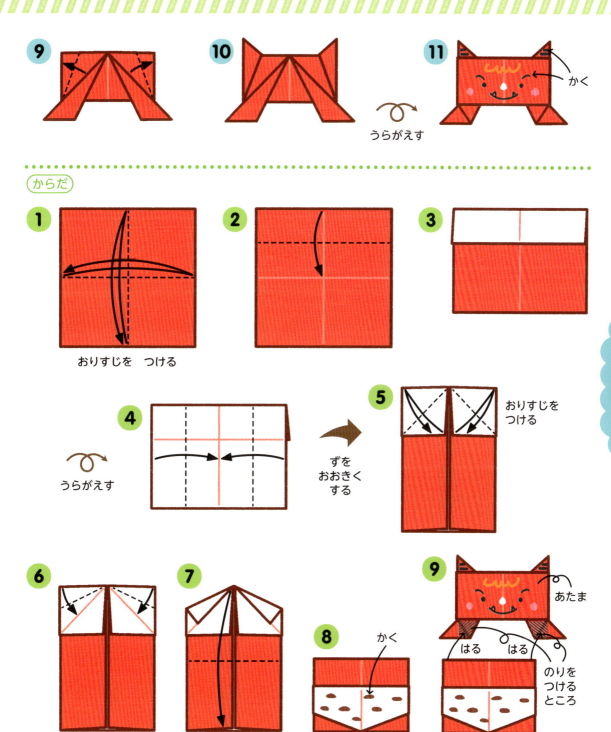

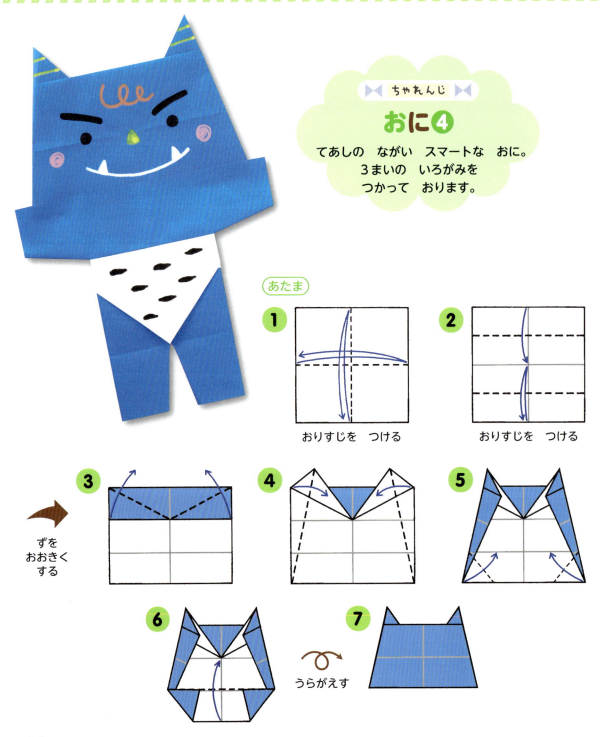

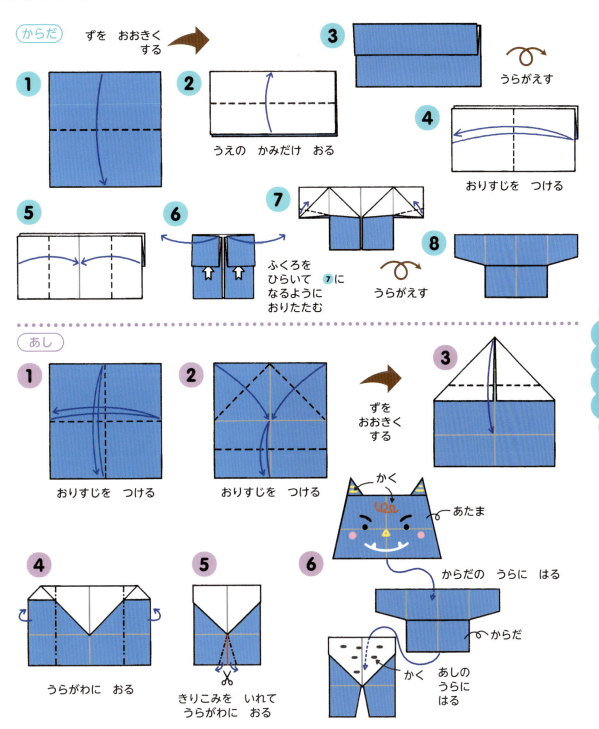

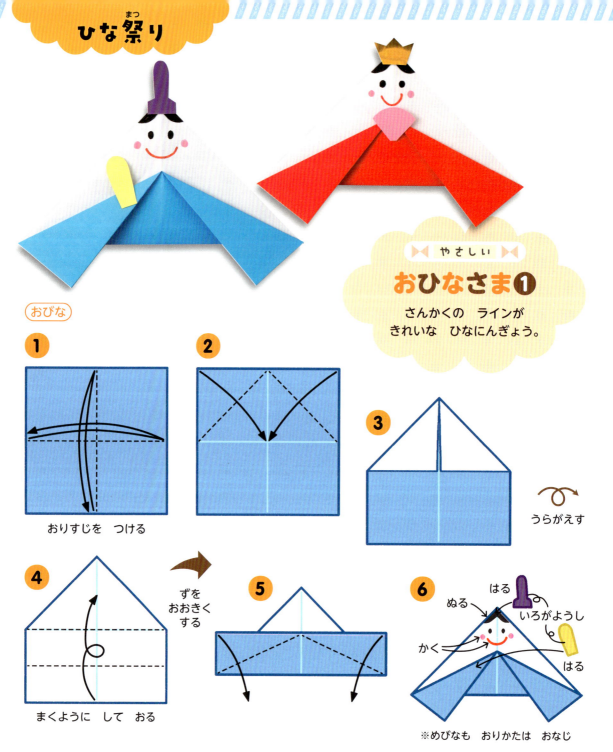

▶◀ ふつう ▶◀
おひなさま❷

そでを あわせた おびなと
ゆったりと きものを
ひろげた めびな。

ひな祭り

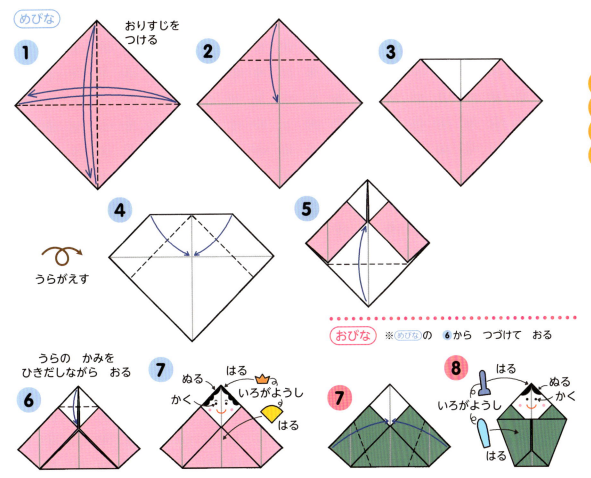

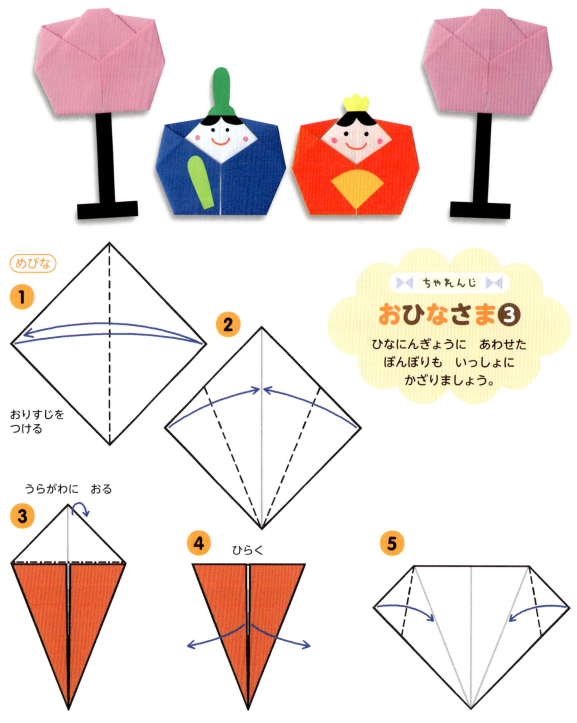

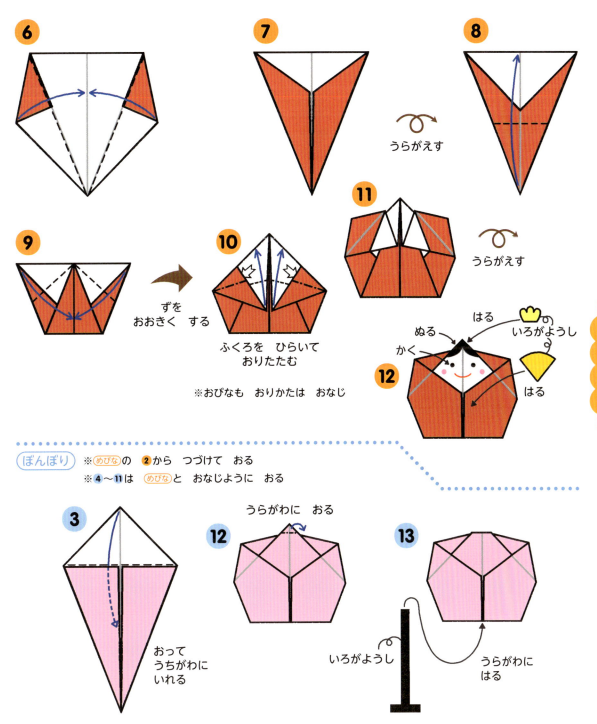

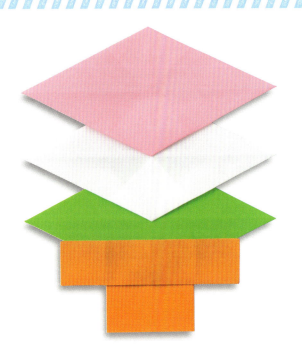

▶◀ ふつう ▶◀

ひしもち

うえから 「はな」「ゆき」「くさ・だいち」を
あらわすと いわれて います。
いろがみを 4まい つかいます。

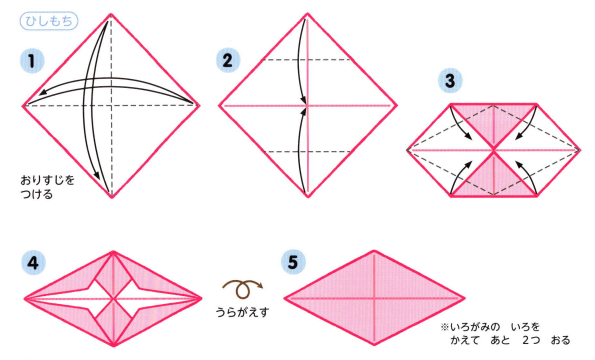

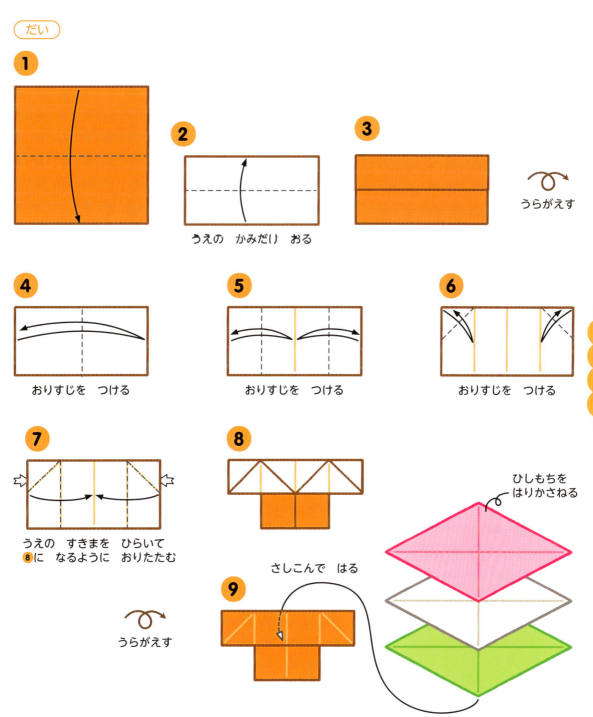

卒園式

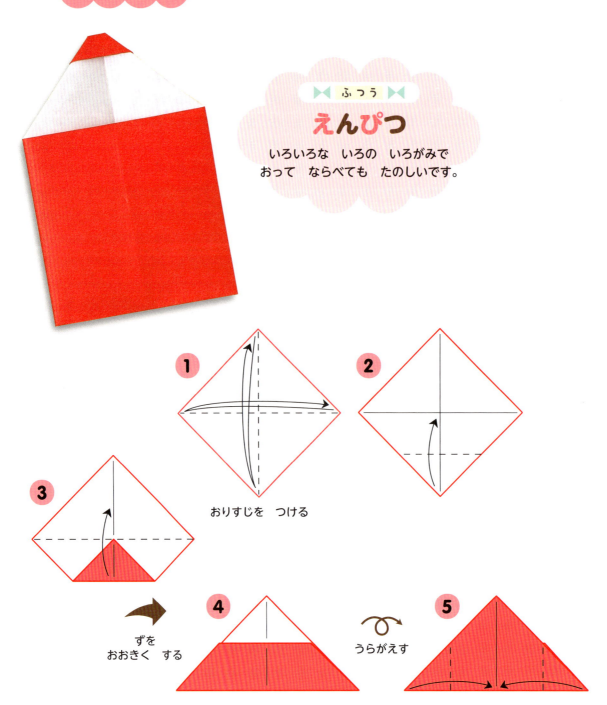

▶◀ ふつう ▶◀
えんぴつ

いろいろな いろの いろがみで
おって ならべても たのしいです。

1 おりすじを つける

2

3

ずを おおきく する

4

うらがえす

5

鉛筆ロケットに夢を乗せて未来へ出発！ 子どもたちの折った鉛筆たちも一緒に飛び立たせましょう。卒園式の飾りにぴったりです。

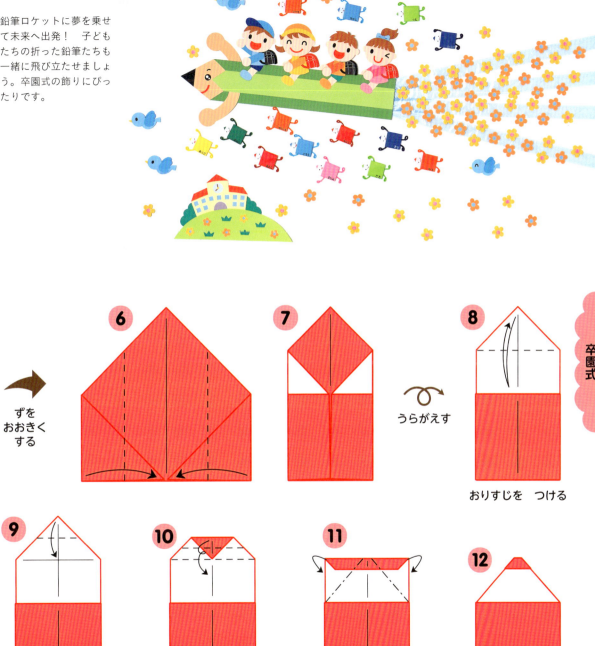

卒園式

6

ずを
おおきく
する

7

うらがえす

8

おりすじを つける

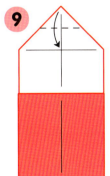
9

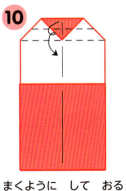
10
まくように して おる

11
うらがわに おる

12

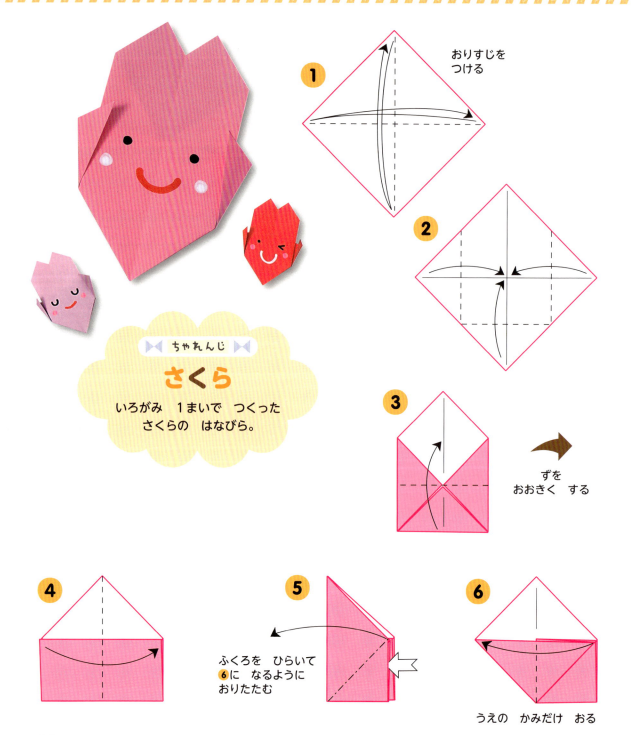

保育 CALENDAR

1月	2月	3月	4月	5月	6月
		新年度準備・保育書フェア			
・正月	・節分 ●発表会	・ひなまつり ●春休み ●卒園	●入園	●春の遠足 ・こどもの日	●運動会

※●●●●は園行事、●は一般的な行事です。

新年度 保育者になったら「保育力UP!」シリーズ

保育に役立つアイディアがいっぱい!

新年度 1年間の保育をサポート

年齢別・保育資料の決定版!

新年度 担任が決まったら指導計画を

見通しをもった保育ができる!

1年中 三法令の理解に

イラストたっぷりでわかりやすい!

1年中 あそびはCD付きで

運動会・発表会にも使える!

1年中 食育の心強いサポート

計画から実践、お便り作りまで!

※この目録は2024年8月段階での商品ラインナップです。場合により商品のご用意ができないことがあります。また、定価・価格は